SISTEMA DE MEMORIZACIÓN DE VERSÍCULOS BÍBLICOS

SISTEMA DE MEMORIZACIÓN DE VERSÍCULOS BÍBLICOS

ATESORE LA PALABRA DE DIOS EN SU CORAZÓN

Traducido por Josie de Smith

Editorial Mundo Hispano

Editorial Mundo Hispano
Apartado 4256, El Paso, Texas 79914, EE. UU. de A.

www.editorialmh.org

Editores: Juan Carlos Cevallos
Daniel Velasco Torres
Ilustrado por: Carlos Santiesteban
Diseño de la portada: Carlos Santiesteban

Primera edición: 2004
Segunda edición: 2005

Clasificación Decimal Dewey: 248.41
Tema: Discipulado, memorización de escrituras

ISBN:0-311-13649
EMH Núm. 13649

2 M 10 05

Impreso en Colombia
Printed in Colombia

Contenido

Contenido

Comience una vida de memorización y meditación bíblica

Usted puede memorizar las Escrituras. El proceso puede parecer lento al principio, pero a medida que sigue este *Sistema de memorización de versículos bíblicos* y comienza a incorporar en su vida la memorización y meditación bíblica, a la larga, *el sistema le ahorra tiempo*. Haga todo lo que pueda para formar buenos hábitos de memorización al seguir los planes semanales que se encuentran en este libro.

Su actitud es importante. Téngase confianza al comenzar a memorizar, y *realmente* desarrollará la habilidad de hacerlo.

Puede contar con Dios para que le ayude a memorizar. Recuerde su consejo: "Y estas palabras que yo te mando hoy, estarán sobre tu corazón" (Deuteronomio 6:6); y "La palabra de Cristo more en abundancia en vosotros" (Colosenses 3:16).

Lo que la memorización de la Biblia hará por usted

Memorizar y meditar en la Palabra Dios le ayudará a *superar las preocupaciones*. Usted puede sentir la perfecta paz de Dios al conocer sus promesas y tenerlas grabadas en su corazón. Otro beneficio es la *victoria sobre el pecado*. Escribió el salmista: "En mi corazón atesoro tus dichos, para no pecar contra ti" (Salmo 119:11, NVI). La Palabra de Dios, guardada en su corazón, es la espada del Espíritu a su disposición en todo momento, para librar la batalla contra el pecado y Satanás.

Memorizar la Biblia le ayudará a *testificar con confianza*. Una de las cinco series de versículos en el *Sistema de memo-*

rización de versículos bíblicos (Serie B: "Proclame a Cristo") le brinda un plan práctico para compartir el evangelio.

Memorizar la Biblia le ayudará a mantenerse espiritualmente saludable. Disfrutará de beneficios inmediatos y estará mejor capacitado para satisfacer sus necesidades y aprovechar las oportunidades que se le presenten en el futuro.

Un vistazo al Sistema de memorización de versículos bíblicos

El *Sistema de memorización de versículos bíblicos* ha sido diseñado para ayudarle a aprender cuatro cosas:

1. Como memorizar versículos de la Biblia y meditar en ellos con máxima eficacia.
2. Cómo *aplicar* a su vida los versículos que memoriza.
3. Cómo *repasar* los versículos de manera que siempre los pueda recordar fácilmente.
4. Cómo *seguir memorizando* las Escrituras después de haber finalizado este curso.

Los sesenta versículos del *Sistema de memorización de versículos bíblicos* han sido organizados en cinco series.

Serie A: "Viva la nueva vida"

Serie B: "Proclame a Cristo"

Serie C: "Dependa de los recursos de Dios"

Serie D: "Sea discípulo de Cristo"

Serie E: "Crezca en imitación de Cristo"

Cada serie tiene doce versículos. Estos versículos están agrupados por temas. Hay dos versículos para cada tema.

El ritmo recomendado para el aprendizaje de los nuevos versículos es memorizar dos por semana. Dado que hay dos versículos para cada tema, puede enfocar un tema en cada semana.

¿Por qué saber los temas?

Dos razones importantes por las que debe saber los temas de los versículos que memoriza son:

1. Los temas le ayudan a comprender mejor el significado de los versículos.
2. Los temas le brindan "ganchos" mentales con los cuales puede obtener de su memoria un versículo en particular cuando lo necesita. Le ayudan a recordar el versículo correcto cuando estudia la Biblia, testifica o da consejos. Los temas sirven como perchero donde colgar los versículos al ir aprendiéndolos.

Memorice las referencias

Saber la referencia de cada versículo que memoriza, hace posible encontrarlos inmediatamente en la Biblia cuando los necesita, para su uso personal o para ayudar a alguien. Por lo tanto, haga que la referencia sea parte de cada versículo que memoriza.

El modo más seguro de recordar la referencia es decirla después del versículo, cada vez que lo repasa.

Cuando esté aprendiendo o repasando un versículo, *acostúmbrese a decir primero el tema, luego la referencia, luego el versículo y nuevamente la referencia al final.* Esto puede parecer tedioso al principio, pero es importante. ¡Y da resultado!

¿Cuál es el mejor momento para memorizar?

Memorizar los versículos resulta más fácil cuando puede concentrarse sin distracciones. Los dos mejores momentos son justo antes de irse a dormir en la noche o después de su momento devocional matutino. Unos minutos antes de la comida o cena, también podría ser un buen momento para aprenderlos.

Aproveche los ratos libres durante el día como mientras espera, camina o se dirige a alguna parte, para repasar sus versículos. Acostúmbrese a llevar su paquete de versículos con usted.

¿Por qué aprender los versículos palabra por palabra a la perfección?

Tenga como meta aprender siempre un versículo perfectamente, palabra por palabra. Es más fácil aprender los versículos correctamente desde el principio. Esto también facilita repasarlos después. Saberlos perfectamente, palabra por palabra, también le dará un mayor sentido de confianza al usarlos.

Cuando ha escogido qué traducción de la Biblia usará para memorizar los versículos, es preferible aprender todos sus versículos en esa traducción, en lugar de mezclarla con otras versiones.

Las tarjetas de versículos

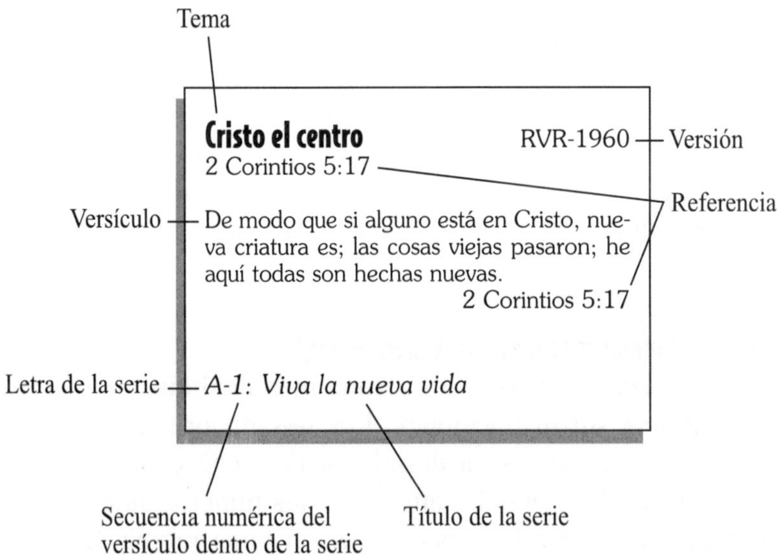

Lista de comprobación: Sistema de memorización de versículos bíblicos

Cada semana ponga una marca al lado de la referencia de los versículos que ha memorizado esa semana.

Serie A: Viva la nueva vida

Cristo el centro	❑ 2 Corintios 5:17	❑ Gálatas 2:20
Obediencia a Cristo	❑ Romanos 12:1	❑ Juan 14:21
La Palabra de Dios	❑ 2 Timoteo 3:16	❑ Josué 1:8
Oración	❑ Juan 15:7	❑ Filipenses 4:6, 7
Comunión	❑ Mateo 18:20	❑ Hebreos 10:24, 25
Testimonio	❑ Mateo 4:19	❑ Romanos 1:16

Serie B: Proclame a Cristo

Todos han pecado	❑ Romanos 3:23	❑ Isaías 53:6
La paga del pecado	❑ Romanos 6:23	❑ Hebreos 9:27
Cristo pagó por nuestros pecados	❑ Romanos 5:8	❑ 1 Pedro 3:18
La salvación no es por obras	❑ Efesios 2:8, 9	❑ Tito 3:5
Es necesario recibir a Cristo	❑ Juan 1:12	❑ Apocalipsis 3:20
Seguridad de la salvación	❑ 1 Juan 5:13	❑ Juan 5:24

Serie C: Dependa de los recursos de Dios

Su Espíritu	❑ 1 Corintios 3:16	❑ 1 Corintios 2:12
Su poder	❑ Isaías 41:10	❑ Filipenses 4:13
Su fidelidad	❑ Lamentaciones 3:22, 23	❑ Números 23:19
Su paz	❑ Isaías 26:3	❑ 1 Pedro 5:7
Su provisión	❑ Romanos 8:32	❑ Filipenses 4:19
Su ayuda en las tentaciones	❑ Hebreos 2:18	❑ Salmo 119:9, 11

Serie D: Sea discípulo de Cristo

Dar a Cristo el primer lugar	❑ Mateo 6:33	❑ Lucas 9:23
Separarse del mundo	❑ 1 Juan 2:15, 16	❑ Romanos 12:2
Estar firme	❑ 1 Corintios 15:58	❑ Hebreos 12:3
Servir a otros	❑ Marcos 10:45	❑ 2 Corintios 4:5
Dar generosamente	❑ Proverbios 3:9, 10	❑ 2 Corintios 9:6, 7
Desarrollar una visión mundial	❑ Hechos 1:8	❑ Mateo 28:19, 20

Serie E: Crezca en imitación de Cristo

Amor	❑ Juan 13:34, 35	❑ 1 Juan 3:18
Humildad	❑ Filipenses 2:3, 4	❑ 1 Pedro 5:5, 6
Pureza	❑ Efesios 5:3	❑ 1 Pedro 2:11
Honestidad	❑ Levítico 19:11	❑ Hechos 24:16
Fe	❑ Hebreos 11:6	❑ Romanos 4:20, 21
Buenas obras	❑ Gálatas 6:9, 10	❑ Mateo 5:16

Serie A
Viva la nueva vida

Todos los seres humanos tenemos una vida física. Pero cuando recibimos a Jesucristo como nuestro Salvador y Señor, entonces poseemos una nueva vida espiritual; la vida de Cristo dentro de nosotros.

Esta nueva vida puede ilustrarse con una rueda, como puede ver a continuación en esta página. La rueda recibe del eje su fuerza para girar. En la vida cristiana, *Cristo es el eje*, la fuente de poder y motivación para vivir una vida cristiana. Él vive en nosotros en la persona del Espíritu Santo, cuyo propósito expreso es glorificar a Cristo (Juan 16:13, 14).

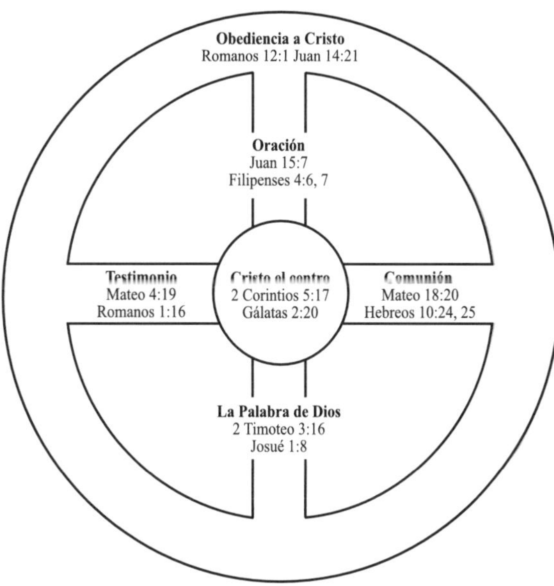

El aro de la rueda lo representa a usted, el cristiano, respondiendo al señorío de Cristo por medio de la obediencia incondicional a él. Esta obediencia incluye su fidelidad a los principios básicos del vivir cristiano.

Los rayos de la rueda representan estos principios básicos; los medios por los que el poder de Cristo llega a nuestra vida. Los rayos verticales representan nuestra relación con Dios por medio de las Escrituras y la oración. Los rayos horizontales representan nuestras relaciones con otras personas, tanto cristianos como no cristianos, por medio de la comunión fraternal y el testimonio.

La rueda funciona sin problemas sólo cuando todos los rayos están en su lugar y se hallan correctamente balanceados.

SEMANA 1

Tema: Cristo el centro
Versículos: 2 Corintios 5:17; Gálatas 2:20

Su plan para esta semana

1. Antes de empezar a memorizar estos dos primeros versículos, lea los "*Principios de memorización de versículos bíblicos*" en la página 17. Coloque aquí una marca cuando haya terminado dicha lectura:______.
2. En la parte final de este libro usted cuenta con un anexo de cada versículo bíblico que debe memorizar. Escriba su nombre, dirección y número de teléfono en la pequeña tarjeta de identificación. Los versículos los hemos incluido en dos versiones (RVR-1960 y NIV) para que usted escoja la que más se acomoda para sus propósitos. También puede cortar cada versículo e irlos acumulando a manera de tarjetas. Esto le facilitará para poder llevarlas con usted a varios lugares, y así reforzar su proceso de memorización.
3. Dedique los dos primeros días de la semana a memorizar 2 Corintios 5:17, y el tercero y cuarto para aprender Gálatas 2:20. Siga los pasos bosquejados en las páginas 17 y 18.
4. Dedique el resto de la semana a repasar ambos versículos y meditar sobre ellos, asegurándose de saberlos bien antes de pasar a memorizar otros. Puede utilizar las "preguntas para meditar" como una ayuda para comprender los versículos.
5. Al final de la semana, compruebe si los aprendió escribiendo de memoria sus versículos o recitándoselos a alguien. Luego coloque una marca al lado de estos dos versículos en la lista de comprobación en la página 11. (Siga este mismo procedimiento cada semana).

Preguntas para meditar

2 Corintios 5:17 (contexto: lea 2 Corintios 5:14-21)
¿Cuál es la clave para vivir una vida realmente nueva?
¿Qué le ha sucedido a su "vieja" vida?
¿Qué cosas han cambiado en su vida desde que aceptó a Cristo como su Salvador?
Gálatas 2:20 (contexto: lea Gálatas 2:17-21)
¿Cómo nos identificamos con Cristo en su muerte?
Si su problema fuera el orgullo, ¿cómo le ayudaría la verdad de este pasaje a superarlo?

Meditación y repaso

Usted puede utilizar el espacio al final del plan de cada semana para anotar sus pensamientos al meditar en sus versículos, o para escribirlos de memoria, con el fin de comprobar hasta qué punto los ha aprendido.

Principios de memorización de versículos bíblicos

Refiérase con frecuencia a estos principios en las próximas semanas:

Al comenzar a memorizar un versículo

1. No deje de leer y seguir cada semana los planes dados en este libro para memorizar los versículos. Seguir este plan le ayudará a obtener más que una comprensión superficial de los versículos a medida que los aprende.
2. Lea en su Biblia el contexto de cada versículo que memoriza.
3. Procure obtener una comprensión clara de lo que cada versículo realmente significa. (Puede leer el versículo en otras traducciones o paráfrasis de la Biblia para captar mejor el significado).
4. Lea detenidamente el versículo varias veces en voz alta o en un susurro. Esto le ayudará a captar el significado del versículo como un todo. Cada vez que lo lee, diga el tema, la referencia, el versículo y luego nuevamente la referencia.
5. Dialogue con Dios en oración acerca del versículo, y siga buscando su ayuda para tener éxito en la memorización bíblica.

Mientras está memorizando el versículo

6. Diga el versículo en voz alta cuantas veces le sea posible.
7. Aprenda primero el tema y la referencia.
8. Después de aprender el tema y la referencia, aprenda la primera frase del versículo. Cuando haya aprendido el tema, la referencia y la primera frase y los haya recitado varias veces, siga agregando más frases después de citar correctamente lo aprendido.

9. Piense en cómo el versículo se aplica a usted y sus situaciones cotidianas.
10. Incluya siempre el tema y la referencia como parte del versículo a medida que lo aprende y repasa.

Después de poder citar correctamente el tema, la referencia, el versículo y nuevamente la referencia

11. Es provechoso escribir el versículo. Esto le ayudará a fijarlo en su mente.
12. Repase el versículo inmediatamente después de aprenderlo y repítalo con frecuencia en los próximos días. Esto es crucial para fijar firmemente el versículo en su mente, por lo rápido que tendemos a olvidar algo recientemente aprendido.
13. ¡REPASE! ¡REPASE! ¡REPASE! La repetición es la mejor manera de grabar los versículos en su mente.

SEMANA 2

Tema: Obediencia a Cristo
Versículos: Romanos 12:1; Juan 14:21

Su plan para esta semana

1. Lea "Cómo repasar con otra persona los versículos memorizados" en la página 21. Coloque aquí una marca cuando haya completado dicha lectura:_______.
2. Siga el mismo procedimiento que utilizó la semana pasada para aprender versículos nuevos. Dedique los dos primeros días de la semana a aprender Romanos 12:1, y los dos siguientes a aprender Juan 14:21. Repase ambos versículos el resto de la semana para profundizar su comprensión de ellos.
3. Lleve con usted el paquete de versículos y aproveche los momentos libres durante el día para repasarlos y meditar en ellos.
4. Como lo hizo la semana pasada, al final de esta, compruebe que los ha aprendido escribiendo de memoria sus versículos nuevos o citándoselos a alguien.
5. REPASO: Cada día en esta semana, repase los primeros dos versículos de la Serie A: 2 Corintios 5:17 y Gálatas 2:20.

Preguntas para meditar

Romanos 12:1 (contexto: lea Romanos 11:32—12:2)
¿Cuál es la motivación correcta para entregarnos a Dios?
¿Qué es sacrificio?
¿Qué es culto racional?
Juan 14:21 (contexto: lea Juan 14:15-21)
¿Cuál es la prueba del amor de Dios?
Según este versículo, ¿qué responsabilidades tiene usted?
¿De qué maneras siente usted un anhelo por expresar su amor al Señor?

Meditación y repaso

Recuerde que la memorización bíblica no es un fin en sí mismo. Debe ser seguida por la meditación en espíritu de oración y por la obediencia y aplicación.

La memorización de las Escrituras graba la Palabra de Dios en su *mente*.
La meditación en espíritu de oración coloca la Palabra de Dios en su *corazón*.
La obediencia pone la Palabra de Dios en *acción.*

Cómo repasar con otra persona los versículos memorizados

1. Siga el siguiente procedimiento: Dele a una persona sus tarjetas de versículos. Esta le dice el tema y la referencia de la primera. Usted repite enseguida el tema, la referencia y repite de memoria todo el versículo y nuevamente la referencia al final. Luego pasen a otras tarjetas haciendo lo mismo.
2. Repase primero los versículos memorizados que conoce mejor.
3. Enuncie sus versículos con claridad y no demasiado rápido a fin de poder ser comprendidos con facilidad.
4. Mientras la otra persona recita sus versículos, sea amable y alentador. Haga todo lo posible por asegurar el éxito del otro.
5. Cuando la otra persona se equivoca, señálelo con un movimiento de cabeza o diciendo no. Ayúdele verbalmente sólo si se lo pide.
6. En cuanto la otra persona se da cuenta de que se ha equivocado, haga que repita todo el versículo perfectamente, palabra por palabra, antes de seguir adelante.
7. Haga que su meta absoluta sea recitar cada versículo perfectamente palabra por palabra.

Memorizar y repasar versículos con un amigo o varios, brinda aliento mutuo, al igual que oportunidades para conversar sobre cualquier dificultad en la memorización. También le será de ayuda contar con alguien con quien pueda compartir cómo Dios está utilizando los versículos en su vida.

SEMANA 3

Tema: La Palabra de Dios
Versículos: 2 Timoteo 3:16; Josué 1:8

Su plan para esta semana

1. Siga el mismo procedimiento anterior. Dedique los primeros dos días de la semana a aprender 2 Timoteo 3:16 y los siguientes dos días Josué 1:8. Dedique el resto de la semana a repasarlos. Recuerde comprobar lo que aprendió.
2. Recuerde que es provechoso escribir el versículo mientras está tratando de profundizar su fijación en la mente.
3. REPASO: Cada día de esta semana, repase los cuatro versículos que ya aprendió.

Preguntas para meditar

2 Timoteo 3:16 (contexto: 2 Timoteo 3:14-17)
¿Quién es el autor de las Escrituras?
Note el orden de los cuatro beneficios de las Escrituras listados en este versículo. ¿Qué significado tiene para usted este orden?
Josué 1:8 (contexto Josué 1:6-9)
¿Cuál es el propósito de la meditación?
¿A qué tipo de prosperidad y éxito cree usted que se refiere este versículo?

Meditación y repaso

SEMANA 4

Tema: Oración
Versículos: Juan 15:7; Filipenses 4:6, 7

Su plan para esta semana

1. A medida que aprende estos nuevos versículos y medita en ellos, programe reservar un momento especial de oración esta semana, teniendo presente los principios enunciados en estos versículos.
2. REPASO: Cada día de esta semana, repase los seis versículos que ha aprendido de la Serie A.

Preguntas para meditar

Juan 15:7 (contexto: Juan 14:5-8)
Para usted, ¿qué es lo más importante en este versículo? ¿Por qué?
¿Quién esta diciendo estas palabras?
¿Qué nos dice este versículo acerca del carácter de Cristo?
Filipenses 4:6, 7 (contexto: Filipenses 4:4-9)
¿En qué situaciones hemos de orar?
¿Cómo se relaciona este pasaje con Colosenses 3:15?
¿Qué tipo de protección nos brinda la paz interior de Dios?

Meditación y repaso

SEMANA 5

Tema: Comunión
Versículos: Mateo 18:20; Hebreos 10:24, 25

Su plan para esta semana

1. Establecer una buena costumbre, que dure la vida entera, lleva tiempo y cuidadoso esfuerzo. Siga constantemente cada semana el procedimiento que ha aprendido en las semanas anteriores para memorizar versículos nuevos.
2. Acuérdese de leer en su Biblia el contexto de cada versículo que memoriza.
3. A medida que aprende estos versículos sobre comunión fraternal, evalúe la cantidad de tiempo que pasa con otros creyentes y la calidad de ese tiempo. ¿Satisface las normas bíblicas?
4. REPASO DIARIO: Los primeros ocho versículos de la Serie A.

Preguntas para meditar

Mateo 18:20 (contexto: Mateo 18:15-20)
¿Qué piensa usted que significa congregarse en el nombre de Jesús?
Hebreos 10:24, 25 (contexto: Hebreos 10:19-25)
¿Qué lo anima a usted a amar y realizar buenas obras?
El versículo 25 habla de "aquel día", que se refiere al día del regreso de Cristo. ¿De qué manera ve usted que este día se acerca?

Meditación y repaso

SEMANA 6

Tema: Testimonio
Versículos: Mateo 4:19; Romanos 1:16

Su plan para esta semana

1. ¿Quiénes son los no cristianos con los que usted se relaciona cada día, a los cuales le gustaría compartir de su fe en Cristo? Le sugerimos que haga una lista de estas personas; use la lista para orar por ellas; para planear momentos juntos con el fin de hablarles de lo que está aprendiendo
2. REPASO DIARIO: Los primeros diez versículos de la Serie A. *Su meta debe ser recitar cada versículo una vez por día.* No obstante, si dedica tiempo extra a sus versículos, obtendrá más provecho.

Preguntas para meditar

Mateo 4:19 (contexto: Mateo 4:18-22)

¿Qué parte de este versículo es un mandato? y ¿cuál es una promesa?

¿A quiénes fueron dichas estas palabras y cómo respondieron?

Romanos 1:16 (contexto: Romanos 1:11-17)

¿Cómo muestra este versículo que el evangelio es para todos?

¿Cómo definiría usted en sus propias palabras el poder del evangelio?

Meditación y repaso

Serie B
Proclame a Cristo

Como testigos de Jesucristo tenemos dos cosas para compartir: primero, *nuestro testimonio* de cómo encontramos a Jesús y lo que él significa para nosotros. Segundo, *el evangelio*, el plan divino de salvación. El evangelio incluye la realidad de la necesidad del hombre, el amor de Dios por el hombre, y lo que él hizo para satisfacer esa necesidad.

Las referencias de los versículos que aprenderá en la Serie B aparecen en el siguiente diagrama que ilustra cómo Cristo es el puente para la humanidad que lleva de la muerte a la vida.

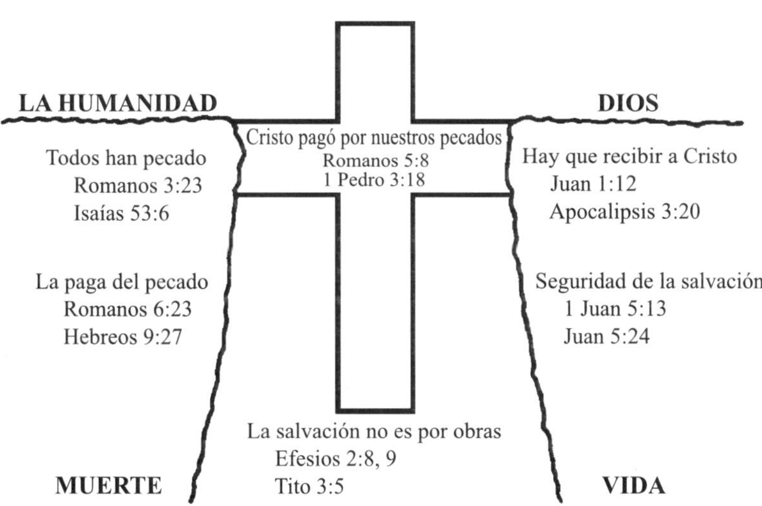

SEMANA 7

Tema: Todos han pecado
Versículos: Romanos 3:23; Isaías 53:6

Su plan para esta semana

1. Repase nuevamente los "*Principios de memorización de versículos bíblicos*" en la página 17 para ver si hay algún principio que no esté tomando en cuenta. Coloque aquí una marca cuando haya completado dicha lectura:_______.
2. Siga el mismo procedimiento para aprender los versículos de la Serie B que usó para memorizar los de la Serie A. Recuerde, al final de la semana, comprobar lo logrado, escribiendo de memoria sus nuevos versículos o recitándoselos a alguien más.
3. REPASO DIARIO: Los doce versículos de la Serie A.

Preguntas para meditar

Romanos 3:23 (contexto: Romanos 3:21-26)
¿Puede pensar en algún problema que la gente tiene en la actualidad y que no puede ser adjudicado a la condición humana descrita en este versículo?
Isaías 53:6 (contexto: Isaías 53:4-9)
¿Por qué somos responsables por nuestros pecados?
¿Cómo muestra este versículo que la crucifixión de Cristo era parte del plan de Dios?

Meditación y repaso

SEMANA 8

Tema: La paga del pecado
Versículos: Romanos 6:23; Hebreos 9:27

Su plan para esta semana

1. Lea "*Cómo meditar sobre las Escrituras*" en la página 30. Después, coloque una marca aquí cuando haya completado dicha lectura:_______.
2. REPASO DIARIO: Serie A, más los dos primeros versículos de la Serie B.

Preguntas para meditar

Romanos 6:23 (contexto: Romanos 6:19-23)
¿Cómo refleja este versículo tanto el amor de Dios como su juicio?
Hebreos 9:27 (contexto: Hebreos 9:24-28)
¿Cuál es la relación entre el hecho de que el ser humano muere una sola vez (versículo 27) y de que Cristo murió una sola vez? (versículo 28)

Meditación y repaso

Cómo meditar sobre las Escrituras

Meditar no es dejar que la mente divague. La meditación tiene una forma y un objetivo. Es dirigir nuestros pensamientos a un solo tema. Meditación es pensar con un propósito.

La meditación no es un ejercicio solemne, académico. Requiere una actitud de curiosidad y expectativa, y lleva a descubrimientos emocionantes, a un espíritu renovado y a una transformación del carácter. Brinda recompensas y beneficios. Es un paso crucial para llegar a conocer y obedecer la voluntad de Dios.

Aquí están cinco métodos de meditación que puede probar:

1. *Parafrasear*. Puede obtener ideas emocionantes al escribir un versículo o pasaje en sus propias palabras. Este ejercicio es un desafío aún mayor al tratar de usar en su paráfrasis la menor cantidad posible de palabras.

Por ejemplo, Isaías 26:3 dice:

> "Tú guardarás en completa paz a aquel cuyo
> pensamiento en ti persevera;
> porque en ti ha confiado".

Podríamos parafrasearlo así: "Tú prometes liberar de las preocupaciones a la persona que confía totalmente sin tener en su mente ninguna duda".

2. *Hacer preguntas*. Puede desglosar la información en un versículo haciendo preguntas acerca del versículo enfocándose en: *quién, qué, dónde, por qué* y *cómo*, o apuntando preguntas al azar que le vienen a la mente al memorizarlo y reflexionar en él. (No siempre tendrá respuestas a todas sus preguntas).

En el caso de Isaías 26:3 podría preguntar: "¿A *quién* da Dios completa paz?". "¿*Qué* actitud hacia Dios debo tener en mis pensamientos?". "¿*Por qué* da Dios esta paz completa?".

3. *Orar*. Ore concentrándose en el pasaje; alabe a Dios por el modo en que su carácter se revela en el versículo; agradézcale las promesas que ve, reclámelas para su propia vida; y confiese cualquier fracaso que este versículo le trae a la mente.

Cuando medita, piense "en voz alta" con Dios.

4. *Remarcar diferentes palabras o frases.* Este sencillo ejercicio involucra centrar su pensamiento en pequeñas porciones del versículo y apropiarse de ellas.

Para Isaías 26:3, podría remarcar estas palabras y pensar en lo que implican: "Tú *guardarás* en completa paz", "Tú guardarás en *completa* paz", "Tú guardarás en completa *paz*", etc.

5. *Encontrar pasajes relacionados.* Trate de pensar en otros pasajes que se relacionan directamente con el significado del versículo que está memorizando. Buscar las relaciones entre las diversas partes de la Biblia puede ser estimulante, y le ayudará a obtener un concepto general de los principales temas de la Palabra de Dios.

Al considerar Isaías 26:3, es posible que piense en Filipenses 4:6, 7; 1 Pedro 5:7 o Mateo 11:28.

En todas estas maneras de meditar, relacione el versículo con sus propias circunstancias. Supongamos que está preocupado e inquieto y no está sintiendo una paz interior. Usted sabe que esto no le agrada al Señor, pero no lo puede remediar. Entonces, usted decide meditar sobre Isaías 26:3 para obtener ayuda.

Al pensar en este versículo, se pregunta: "¿Qué significa tener completa paz? ¿Está realmente a mi disposición? ¿Cómo puedo confiar más en Dios?".

Luego puede hacer una lista de las cosas que lo preocupan. Por cada punto de su lista pregunte: "¿Estoy listo para confiar en que Dios se encargará de estas cosas por mí?". "¿Estoy dispuesto a hacer un esfuerzo consciente para confiar realmente en él?".

Algunos creyentes confunden el conocimiento bíblico con la madurez espiritual, creyendo que saber más de la Biblia los hace automáticamente mejores cristianos. Esto no es cierto. Los fariseos conocían el Antiguo Testamento; no obstante, eran réprobos espirituales. *La clave para lograr la madurez espiritual es aplicar la Palabra de Dios a la vida diaria.*

SEMANA 9

Tema: Cristo pagó por nuestros pecados
Versículos: Romanos 5:8; 1 Pedro 3:18

Su plan para esta semana

REPASO DIARIO: Serie A, más los cuatro primeros versículos de la Serie B.

Preguntas para meditar

Romanos 5:8 (contexto: Romanos 5:6-11)

En base a este pasaje, ¿cómo describiría usted al verdadero *amor*?

1 Pedro 3:18 (contexto: 1 Pedro 3:13-22)

¿Por qué murió Cristo por nosotros?

¿Cómo se relaciona este versículo con el clamor de Jesús en la cruz registrado en Mateo 27:46?

Meditación y repaso

SEMANA 10

Tema: La salvación no es por obras
Versículos: Efesios 2:8, 9; Tito 3:5

Su plan para esta semana

REPASO DIARIO: Serie A, más los primeros seis versículos de la Serie B.

Preguntas para meditar

Efesios 2:8, 9 (contexto: Efesios 2:4-10)

¿Por qué nunca se puede decir sinceramente: "Soy lo que soy gracias a mis propios esfuerzos"?

¿Cómo debería afectar la verdad de este pasaje nuestra manera de vivir cuando hemos aceptado el don de la salvación de Dios?

Tito 3:5 (contexto: Tito 3:3-8)

¿Qué muestra este pasaje acerca del carácter de Dios?

Meditación y repaso

SEMANA 11

Tema: Es necesario recibir a Cristo
Versículos: Juan 1:12; Apocalipsis 3:20

Su plan para esta semana

REPASO DIARIO: Serie A y los primeros ocho versículos de la Serie B.

Preguntas para meditar

Juan 1:12 (contexto: Juan 1:10-14)

¿A quiénes otorga Dios el derecho de ser hechos hijos suyos?

En su opinión, ¿qué beneficios tiene uno por ser hijo o hija de alguien?

Apocalipsis 3:20 (contexto: Apocalipsis 3:14-22)

¿Qué ejemplo usa este versículo para ilustrar la fe?

¿Qué dos cosas hace Cristo si le permitimos entrar en nuestra vida?

Meditación y repaso

SEMANA 12

Tema: Seguridad de la salvación
Versículos: 1 Juan 5:13; Juan 5:24

Su plan para esta semana

REPASO DIARIO: Serie A, más todos los versículos aprendidos de la Serie B.

Preguntas para meditar

1 Juan 5:13 (contexto: 1 Juan 5:9-15)

¿Cuál era el objetivo principal de Juan al escribir estas palabras?

¿De qué tenemos que depender cuando nos sentimos tentados a dudar de lo que Cristo ha hecho por nosotros?

Juan 5:24 (contexto: Juan 5:16-30)

¿Qué dos cosas se requieren para recibir las bendiciones que Jesús menciona aquí?

¿Cómo se relacionan estas bendiciones a nuestro pasado, presente y futuro?

Meditación y repaso

Entre más significativo sea un versículo para usted, más fácil le será recordarlo. Por eso es importante leer cada versículo en su contexto y comprenderlo antes de memorizarlo. También es bueno que ore sobre las cosas mencionadas en el versículo.

Serie C
Dependa de los recursos de Dios

Dios nos ha dado "todas las cosas que pertenecen a la vida y a la piedad" (2 Pedro 1:3). Estas bendiciones nos llegan "mediante el conocimiento de aquel que nos llamó por su gloria y excelencia".

Conociendo nuestras limitaciones, y sabiendo de cada tribulación y prueba que enfrentamos, el Señor ha provisto todo lo que necesitamos para vivir fructífera y victoriosamente para su gloria.

Nuestra parte es consagrarnos a él, llegar a conocerle bien, apropiarnos de sus recursos y obedecerle completamente. Él proporcionará el poder y la habilidad para hacerlo. "Porque Dios es el que en vosotros produce así el querer como el hacer, por su buena voluntad" (Filipenses 2:13).

En la Serie C hay seis recursos espirituales de los cuales puede depender para capacitarlo a cumplir la voluntad de Dios para su vida:

Su Espíritu: 1 Corintios 3:16 y 1 Corintios 2:12
Su poder: Isaías 41:10 y Filipenses 4:13
Su fidelidad: Lamentaciones 3:22, 23 y Números 23:19
Su paz: Isaías 26:3 y 1 Pedro 5:7
Su provisión: Romanos 8:32 y Filipenses 4:19
Su ayuda en las tentaciones: Hebreos 2:18 y Salmo 119:9, 11

SEMANA 13

Tema: Su Espíritu
Versículos: 1 Corintios 3:16; 1 Corintios 2:12

Su plan para esta semana

1. Con la práctica diaria usted ya ha aprendido importantes principios para memorizar y repasar eficazmente los textos bíblicos. Siga cimentando estos hábitos en su vida. Vuelva a repasar los "Principios de memorización de versículos bíblicos", página 17.
2. REPASO DIARIO: Todos los versículos de la Serie B.

Preguntas para meditar

1 Corintios 3:16 (contexto: 1 Corintios 3:1-23)
¿Qué sabe usted acerca del templo en el Antiguo Testamento? ¿Qué datos le pueden ayudar a comprender mejor este versículo?
¿Cómo se amplia aún más la enseñanza de este versículo en 1 Corintios 6:19, 20?
1 Corintios 2:12 (contexto: 1 Corintios 2:6-16)
¿Qué nos ha dado Dios libremente?
¿Qué nos dice este versículo acerca de la obra del Espíritu Santo?

Meditación y repaso

SEMANA 14

Tema: Su poder
Versículos: Isaías 41:10; Filipenses 4:13

Su plan para esta semana

REPASO DIARIO: Serie B, más los dos primeros versículos de la Serie C.

Preguntas para meditar

Isaías 41:10 (contexto Isaías 41:8-10)
¿Qué promesas hace Dios a Israel en este versículo?
¿Qué dice este pasaje en cuanto al tipo de relación que Dios quiere tener con su pueblo?
Filipenses 4:13 (contexto: Filipenses 4:10-13)
¿Cómo se relaciona la declaración en este versículo con lo que Pablo dice en Filipenses 4:11: "He aprendido a contentarme, cualquiera sea mi situación"?
¿Cómo se relaciona la verdad de este pasaje con la declaración de Pablo en 2 Corintios 3:4, 5?
¿Qué situación hay en su vida en la que necesita depender del poder de Dios?

Meditación y repaso

SEMANA 15

Tema: Su fidelidad
Versículos: Lamentaciones 3:22, 23; Números 23:19

Su plan para esta semana

1. Cuando haya aprendido los versículos para este tema, estará a mitad de camino en este *Sistema de memorización de versículos bíblicos*. A fin de repasar lo que ha aprendido hasta ahora sobre principios de memorización bíblica, haga la "*Prueba de autocomprobación*" de la página 61.
2. REPASO DIARIO: Serie B, más los primeros cuatro versículos de la Serie C. También, repase esta semana, como mínimo una vez, todos los de la Serie A.

Preguntas para meditar

Lamentaciones 3:22, 23 (contexto: Lamentaciones 3:19-33)
¿Qué evidencias nos da Dios de su amor por nosotros?
¿Qué lo convence a usted de la fidelidad de Dios?
Números 23:19 (contexto: Números 23:13-26)
¿Cómo puede la verdad de este pasaje aumentar su fe?
¿Cómo diría usted este versículo en sus propias palabras?

Meditación y repaso

Prueba de autocomprobación

Esta prueba le ayudará a comprobar su conocimiento de los principios de memorización de versículos bíblicos. Después de contestar las preguntas, compare sus respuestas con las que están listadas al final de la prueba.

1. El éxito en memorizar versículos bíblicos depende enteramente de su propia habilidad y de su confianza en sí mismo (¿Sí o no? Trace un círculo alrededor de su respuesta).

   Sí **No**

2. Aprender los temas junto con los versículos... (Ponga una marca al lado de la mejor respuesta).

   ___ a. Es opcional en el *Sistema de memorizacion de versículos bíblicos*.

   ___ b. Le proporciona ganchos mentales con los que pueda traer a su memoria un versículo en particular cuando lo necesita.

   ___ c. Es un buen ejercicio mental porque dificulta el aprendizaje de los versículos.

3. Es mejor aprender los versículos perfectamente palabra por palabra porque... (Coloque una marca al lado de las *dos* mejores respuestas).

   ___ a. Le dará un mayor sentido de confianza para usar los versículos.

   ___ b. Facilita aprender los versículos inicialmente así como también repasarlos después.

   ___ c. Impresiona a otros con su conocimiento bíblico.

4. Los versículos de la Serie A tratan sobre los elementos esenciales de la vida obediente, centrada en Cristo.

   Sí **No**

5. ¿En qué aspectos de la vida cristiana son más provechosos los versículos de la Serie B?
   ___ a. Conocimiento de la voluntad de Dios.
   ___ b. Comunión fraternal.
   ___ c. Saber cómo testificar a no creyentes.
   ___ d. Saber cómo vencer las ansiedades.
   ___ e. Oración.

6. ¿Por qué es provechoso memorizar y repasar los versículos bíblicos con uno o más amigos? (Coloque una marca al lado de las tres mejores respuestas).
   ___ a. Brinda aliento mutuo.
   ___ b. Puede mostrarle a otros qué bien anda en esto.
   ___ c. Brinda oportunidades para conversar sobre dificultades en la memorización.
   ___ d. Le permite compararse con otros.
   ___ e. Cuenta usted con alguien con quien compartir cómo Dios está usando los versículos en su vida.

7. Un primer paso hacia conocer y obedecer la voluntad de Dios es... (Coloque una marca al lado de la respuesta correcta).
   ___ a. Primero enderezar su vida lo mejor que pueda.
   ___ b. Saber mucho acerca de la Biblia.
   ___ c. Meditar en las Escrituras.

Respuestas correctas:

1-No; 2-b; 3-a y b; 4-Sí; 5-c; 6-a, c, e; 7-c.

SEMANA 16

Tema: Su paz
Versículos: Isaías 26:3; 1 Pedro 5:7

Su plan para esta semana

REPASO DIARIO: Serie B, más los primeros seis versículos de la Serie C.

Preguntas para meditar

Isaías 26:3 (contexto: Isaías 26:1-11)
¿Qué resultado se obtiene al confiar en Dios?
¿Cómo se relaciona la verdad de este versículo con Filipenses 4:6, 7?
1 Pedro 5:7 (contexto: 1 Pedro 5:1-11)
¿Que parece impedirnos sentir más de la paz de Dios?
Según el contexto de este versículo, ¿cuál es la relación entre la humildad y conocer la paz de Dios?
¿Qué ansiedades está sufriendo usted en la actualidad?

Meditación y repaso

SEMANA 17

Tema: Su provisión
Versículos: Romanos 8:32; Filipenses 4:19

Su plan para esta semana

1. Lea "*Dos reglas esenciales de la memorización de vesículos bíblicos*" y "*Si su tarea de memorización de versículos bíblicos se hace demasiado rutinaria*" (página 45).
2. REPASO DIARIO: Serie B, más los primeros ocho versículos de la Serie C.

Preguntas para meditar

Romanos 8:32 (contexto: Romanos 8:28-39)

¿Hasta qué punto está comprometido Dios con nuestro bienestar?

Cuando piensa en su futuro, ¿qué verdad fundamental puede proporcionarle este versículo?

Filipenses 4:19 (contexto: Filipenses 4:10-20)

Según el contexto de este versículo, ¿qué acción de los filipenses motivó a Pablo para hacer su declaración en el versículo 19?

Según su opinión, ¿qué diferencia hay entre necesitar y desear algo?

Meditación y repaso

Dos reglas esenciales de la memorización de versículos bíblicos

Dos reglas constituyen el fundamento de un programa de memorización bíblica exitoso:

1. *Memorizar consecuentemente dos versículos cada semana.*
2. *Seguir un programa regular, cotidiano, de repasar los versículos que ya ha memorizado.*

Si al final de una semana en particular usted no puede citar perfectamente palabra por palabra los versículos que tuvo la intención de memorizar esa semana, puede sentirse tentado a pensar: *No voy a memorizar más versículos la semana que viene, sino que me concentraré en aprender éstos antes de pasar a trabajar con versículos nuevos.*

Pero saltarse una semana hace más fácil saltarse otra, y después otra. En cambio, usted debe memorizar versículos nuevos como siempre, y hacer un esfuerzo extra por aprender cualquier versículo que le faltó. Pida la ayuda de Dios.

Si su tarea de memorización de versículos bíblicos se hace demasiado rutinaria

No se desaliente si su tarea de memorización de versículos bíblicos comienza a parecer demasiado rutinaria. El proceso de grabar textos bíblicos en su mente y corazón incluye un aspecto mecánico. Requiere ciertos métodos y mucha perseverancia. Pero mientras el proceso de grabar la Palabra de Dios en su corazón marcha adelante, dichos textos estarán continuamente a su disposición para la obra de dar vida.

No obstante, existen cosas provechosas que puede hacer si a su programa de memorización de versículos bíblicos parece faltarle vida. Procure dedicar más tiempo a repasar los versículos en oración y meditación. También comience a usar los versículos en sus conversaciones o en cartas. Puede surgir una nueva vitalidad al compartir los versículos bíblicos con los demás.

Tenga presente que memorizar textos bíblicos y meditar en ellos es un modo práctico de hacer que estén a disposición del Espíritu Santo, con el fin de ser usados para su bendición.

SEMANA 18

Tema: Su ayuda en las tentaciones
Versículos: Hebreos 2:18; Salmo 119:9, 11

Su plan para esta semana

REPASO DIARIO: Serie B, más los primeros diez versículos de la Serie C. También repase esta semana, una vez como mínimo, todos los versículos de la Serie A.

Preguntas para meditar

Hebreos 2:18 (contexto: Hebreos 2:10-18)

¿Cómo se relaciona la verdad de este pasaje con Juan 1:14?

¿Qué beneficio obtenemos debido a las tentaciones de Cristo?

Salmo 119:9, 11 (contexto: Salmo 119:9-16)

En cuanto al pecado, ¿se relaciona este pasaje más con la corrección o la prevención?

¿Puede decir honestamente que está viviendo de acuerdo con la Palabra de Dios? ¿Por qué sí o por qué no?

Meditación y repaso

Serie D
Sea discípulo de Cristo

Con excepción de su obra redentora en la cruz, la obra más importante de Jesucristo sobre la Tierra fue formar un equipo de discípulos consagrados que se multiplicaran e hicieran un impacto sobre el mundo.

Jesús sirvió a las multitudes, pero a veces se separaba de ellas intencionalmente. En ocasiones parecía desanimar a las personas para que no lo siguieran. Jesús no estaba interesado en seguidores nominales, sino en discípulos verdaderamente consagrados quienes habían aceptado el costo y en quienes podía confiar plenamente.

La Serie D presenta seis imperativos que caracterizan el tipo de discípulos que Jesús busca:

Dar a Cristo el primer lugar: Mateo 6:33 y Lucas 9:23
Separarse del mundo: 1 Juan 2:15, 16 y Romanos 12:2
Estar firme: 1 Corintios 15:58 y Hebreos 12:3
Servir a otros: Marcos 10:45 y 2 Corintios 4:5
Dar generosamente: Proverbios 3:9, 10 y 2 Corintios 9:6, 7
Desarrollar una visión mundial: Hechos 1:8 y Mateo 28:19, 20

SEMANA 19

Tema: Dar a Cristo el primer lugar
Versículos: Mateo 6:33; Lucas 9:23

Su plan para esta semana

1. Complete la "*Primera prueba de temas y referencias*" de la página 49.
2. REPASO DIARIO: Todos los versículos de las Series A y C.

Preguntas para meditar

Mateo 6:33 (contexto: Mateo 6:25-34)
¿Cuáles son las definiciones de *justicia* y *el reino de Dios*? (Puede usar un diccionario, un diccionario bíblico o una enciclopedia de la Biblia para definir estos términos).
Lucas 9:23 (contexto: Lucas 9:18-27)
Según este pasaje, ¿qué parece ser el mayor impedimento en nuestro seguimiento a Cristo?
¿Cómo refleja este pasaje la libertad que nos da el Señor de escoger si queremos seguirle?

Meditación y repaso

Primera prueba de temas y referencias

Para cada uno de estos temas de las Series A, B y C, llene los espacios en blanco con las referencias correctas.

A. Viva la vida nueva

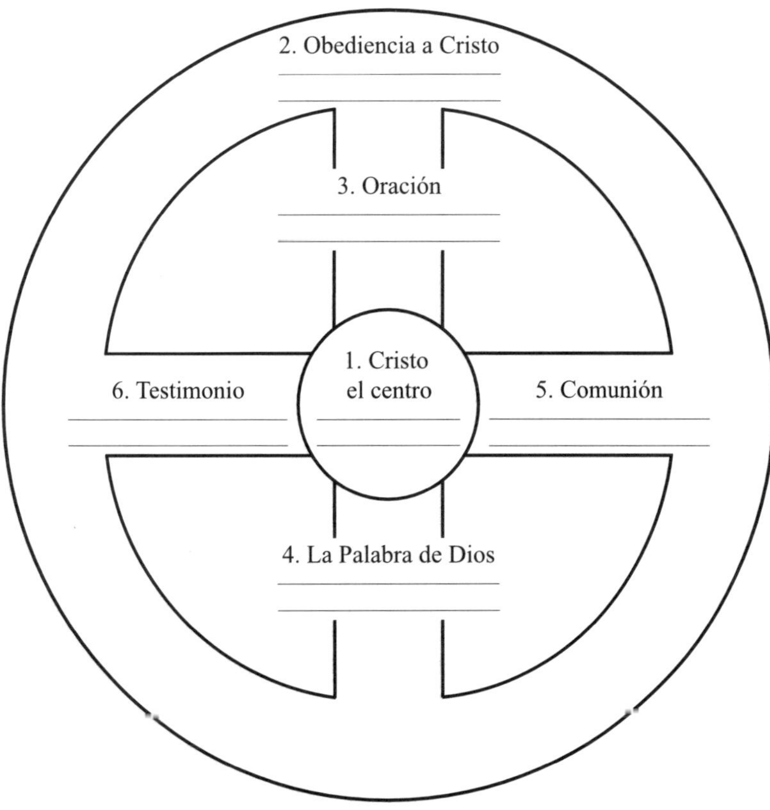

B. Proclame a Cristo

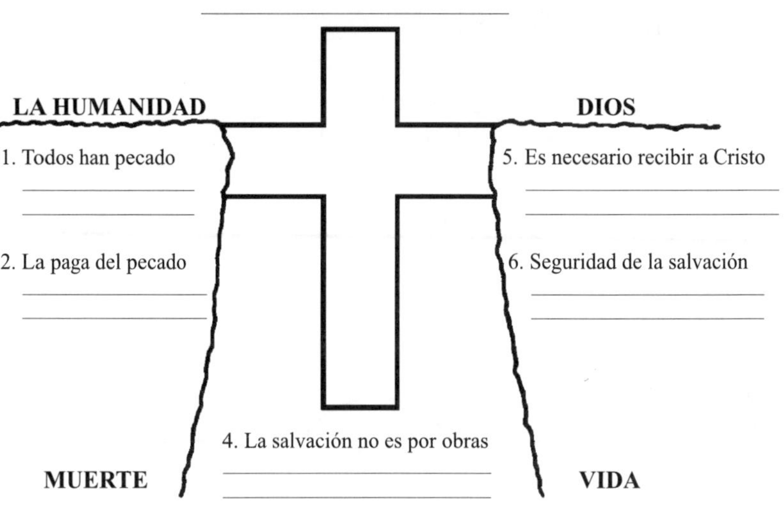

C. Dependa de los recursos de Dios

1. Su Espíritu

   ________________ ________________

2. Su poder

   ________________ ________________

3. Su fidelidad

   ________________ ________________

4. Su paz

   ________________ ________________

5. Su provisión

   ________________ ________________

6. Su ayuda en las tentaciones

   ________________ ________________

SEMANA 20

Tema: Separarse del mundo
Versículos: 1 Juan 2:15, 16; Romanos 12:2

Su plan para esta semana

REPASO DIARIO: Series B y C, más los primeros dos versículos de la Serie D.

Preguntas para meditar

1 Juan 2:15, 16 (contexto: 1 Juan 2:12-17)

¿Cómo definiría usted la palabra *mundo* en el sentido como se la usa en este pasaje?

Si algo no proviene de Dios, ¿de dónde proviene?

Romanos 12:2 (contexto: Romanos 11:32—12:2)

¿Qué presiones debemos reconocer en el mundo que nos rodea?

Según su opinión, ¿por qué tiene que ser transformado nuestro entendimiento antes de que podamos reconocer la voluntad de Dios?

Meditación y repaso

SEMANA 21

Tema: Estar firme
Versículos: 1 Corintios 15:58; Hebreos 12:3

Su plan para esta semana

REPASO DIARIO: Series A y C, más los primeros cuatro versículos de la Serie D.

Preguntas para meditar

1 Corintios 15:58 (contexto: 1 Corintios 15:50-58)

Según su opinión, ¿por qué necesita el creyente recibir aliento para perseverar?

¿Qué debe inspirarnos confianza mientras perseveramos en la obra del Señor?

Hebreos 12:3 (contexto: Hebreos 12:1-13)

¿Cómo resumiría usted la oposición que soportó Jesús por parte de hombres pecadores?

¿De qué maneras prácticas puede usted pensar acerca de Cristo cuando se siente tentado a desalentarse?

Meditación y repaso

SEMANA 22

Tema: Servir a otros
Versículos: Marcos 10:45; 2 Corintios 4:5

Su plan para esta semana

REPASO DIARIO: Series B y C, más los primeros seis versículos de la Serie D.

Preguntas para meditar

Marcos 10:45 (contexto: Marcos 10:35-45)
¿De qué maneras sirvió Jesús a las personas?
¿Cuáles son algunas maneras específicas en que usted puede seguir el ejemplo de Jesús como siervo?
2 Corintios 4:5 (contexto: 2 Corintios 4:1-18)
Según su opinión, ¿qué incluye predicar a Jesucristo como Señor?
¿Qué significa servir a alguien en el nombre de Jesús?

Meditación y repaso

SEMANA 23

Tema: Dar generosamente
Versículos: Proverbios 3:9, 10; 2 Corintios 9:6, 7

Su plan para esta semana

1. Complete la "*Segunda prueba de temas y referencias*" que está en la página 55.
2. REPASO DIARIO: Series A y C, más los primeros ocho versículos de la Serie D.

Preguntas para meditar

Proverbios 3:9, 10 (contexto: Proverbios 3:1-12)
Según su opinión, ¿por qué es honrado el Señor cuando le damos la primera parte de nuestros bienes materiales?
¿Qué muestra este versículo acerca del control de Dios sobre nuestra vida?
2 Corintios 9:6, 7 (contexto: 2 Corintios 9:6-15)
Según su opinión, ¿por qué es importante para Dios el que no demos de mala gana o por obligación?

Meditación y repaso

Segunda prueba de temas y referencias

Llene los espacios en blanco escribiendo los temas correctos y las referencias correctas para la Series A, B y C.

A. Viva la nueva vida

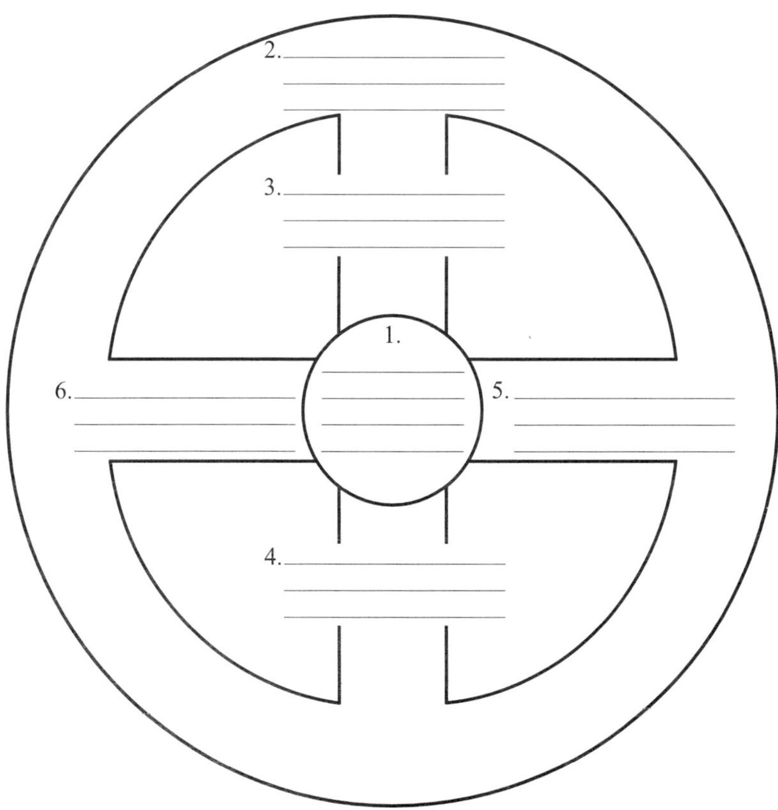

B. Proclame a Cristo

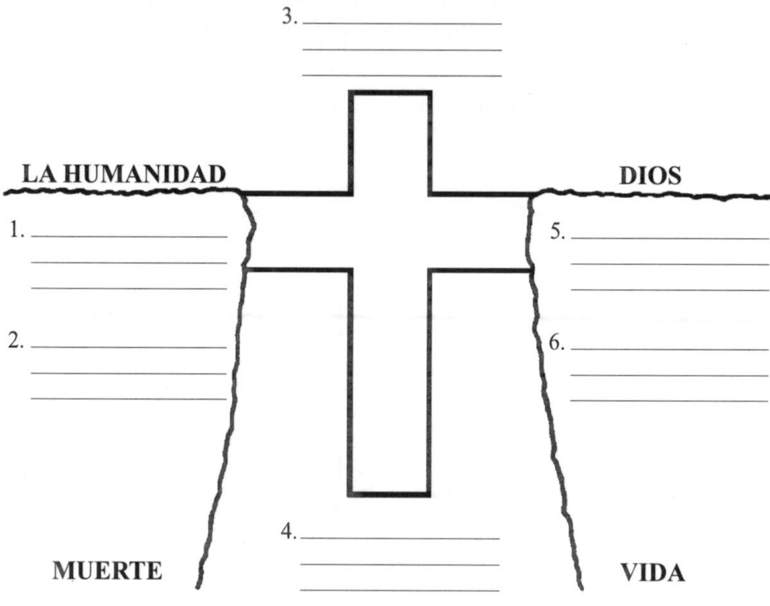

C. Dependa de los recursos de Dios

1. ______________________ ______________________

2. ______________________ ______________________

3. ______________________ ______________________

4. ______________________ ______________________

5. ______________________ ______________________

6. ______________________ ______________________

SEMANA 24

Tema: Desarrollar una visión mundial
Versículos: Hechos 1:8; Mateo 28:19, 20

Su plan para esta semana

REPASO DIARIO: Series B y C, más los primeros diez versículos de la Serie D.

Preguntas para meditar

Hechos 1:8 (contexto: Hechos 1:1-11)
¿Qué dos promesas hace Jesús en este versículo?
¿Cómo se relacionan entre sí estas dos promesas?
Mateo 28:19, 20 (contexto: Mateo 28:16-20)
¿Qué actividades incluye este mandato de Jesús?
¿Qué parte tiene este mandato en el propósito de su vida?

Meditación y repaso

Serie E
Crezca en imitación de Cristo

Una vida en imitación de Cristo es la única vida que puede glorificar a Dios. Jesucristo en nuestra vida nos hace distintos, y atrae la atención de otros que buscan la verdad.

Que vivamos en imitación de Cristo es la meta de Dios para cada creyente. Pero muchos hemos cedido ante las presiones de conformarnos a este mundo, dejando que normas y prácticas no cristianas determinen nuestra conducta. ¡Con razón nuestra influencia como creyentes en Cristo con frecuencia es escasa!

Sólo en la medida que los demás vean a Jesucristo en nosotros, se sentirán atraídos a él. Sin embargo, un carácter en imitación de Cristo no puede ser algo meramente exterior, tiene que brotar de adentro de nuestro ser.

A medida que meditamos en las palabras de la Biblia y dejamos que ellas saturen nuestra mente, influirán sobre nuestras reacciones y decisiones para dar forma a un carácter cristiano. En la Serie E usted aprenderá doce pasajes para ayudarle a centrar su atención en este proceso:

Amor: Juan 13:34, 35 y 1 Juan 3:18
Humildad: Filipenses 2:3, 4 y 1 Pedro 5:5, 6
Pureza: Efesios 5:3 y 1 Pedro 2:11
Honestidad: Levítico 19:11 y Hechos 24:16
Fe: Hebreos 11:6 y Romanos 4:20, 21
Buenas obras: Gálatas 6:9, 10 y Mateo 5:16

SEMANA 25

Tema: Amor
Versículos: Juan 13:34, 35; 1 Juan 3:18

Su plan para esta semana

REPASO DIARIO: Series A y D.

Preguntas para meditar

Juan 13:34, 35 (contexto: Juan 13:31-38)
¿El ejemplo de amor de quién tenemos que seguir?
¿Cómo describiría usted la manera de amar de Jesucristo?
¿Cuál es el resultado cuando ponemos en práctica este tipo de amor?
1 Juan 3:18 (contexto 1 Juan 3:11-24)
¿Cómo debemos expresar amor?
¿Cómo se relaciona la verdad de este pasaje con 1 Corintios 13:4-7?

Meditación y repaso

SEMANA 26

Tema: Humildad
Versículos: Filipenses 2:3, 4; 1 Pedro 5:5, 6

Su plan para esta semana

REPASO DIARIO: Series B y D, más los dos primeros versículos de la Serie E.

Preguntas para meditar

Filipenses 2:3, 4 (contexto: Filipenses 2:1-11)

¿Qué da a entender este pasaje acerca de tratar de imponernos sobre los demás?

¿Qué dos motivaciones para la acción hemos de evitar totalmente?

1 Pedro 5:5, 6 (contexto: 1 Pedro 5:1-11)

La humildad, ¿es cuestión de una acción o de una actitud?

¿Cómo puede usted humillarse en respuesta al mandato de "humillaos"?

Meditación y repaso

SEMANA 27

Tema: Pureza
Versículos: Efesios 5:3; 1 Pedro 2:11

Su plan para esta semana

1. Haga la "*Comprobación de lo aprendido*" que aparece en la página 63.
2. REPASO DIARIO: Series C y D, más los primeros cuatro versículos de la Serie E.

Preguntas para meditar

Efesios 5:3 (contexto: Efesios 4:17—5:21)
¿Qué pecados se prohíben en este versículo? (son tres)
¿Por qué son malos estos pecados?
1 Pedro 2:11 (contexto: 1 Pedro 2:9-12)
¿Qué efecto tienen sobre nosotros los deseos pecaminosos?
¿Qué significa para usted ser extranjero y peregrino en este mundo?

Meditación y repaso

Comprobación de lo aprendido

1. Dos elementos esenciales para un programa de memorización bíblica son... (Coloque una "X" al lado de las *dos* mejores respuestas).
   ___ a. Anotar referencias de versículos que quiere aprender más adelante.
   ___ b. Marcar en su Biblia versículos memorizados.
   ___ c. Memorizar constantemente nuevos versículos cada semana.
   ___ d. Seguir un programa regular y cotidiano de repasar los versículos que ha aprendido.

2. Si la memorización de nuevos versículos se hace rutinaria o le falta vida, se pueden hacer estas cosas: (Coloque una "X" al lado de las *dos* mejores respuestas).
   ___ a. Deje de memorizar desde un mes hasta seis semanas.
   ___ b. Dedique más tiempo a orar y meditar sobre sus versículos.
   ___ c. Encuentre una nueva manera de memorizar.
   ___ d. Comience a usar más los versículos en sus conversaciones y en sus cartas.

3. Indique con letras (de la A a la E) el orden correcto de las cinco series de versículos en el *Sistema de memorización de versículos bíblicos.*
   ___ Dependa de los recursos de Dios
   ___ Crezca en imitación de Cristo
   ___ Proclame a Cristo
   ___ Viva la nueva vida
   ___ Sea discípulo de Cristo

4. Agregue la información faltante en este bosquejo de las primeras cuatro series del *Sistema de memorización de versículos bíblicos*:

A. Viva la nueva vida

1. Cristo es el centro

   ____

   Gálatas 2:20

2. Obediencia a Cristo

   Romanos 12:1

   ____

3. ____________________

   2 Timoteo 3:16

   ____

4. Oración

   ____

   Filipenses 4:6, 7

5. Comunión

   ____

   ____

6. Testimonio

   Mateo 4:19

   ____

B. Proclame a Cristo

1. ____________________

   Romanos 3:23

   ____

2. ____________________

   ____

   Hebreos 9:27

3. Cristo pagó por nuestros pecados

   ____

   1 Pedro 3:18

4. ______________________
    Efesios 2:8, 9
    Tito 3:5
5. Es necesario recibir a Cristo
    ____
    Apocalipsis 3:20
6. ______________________
    ____
    Juan 5:24

C. Dependa de los recursos de Dios
1. Su Espíritu
    ____
    ____
2. Su poder
    Isaías 41:10
    ____
3. ______________________
    ____
    Números 23:19
4. Su paz
    Isaías 26:3
    ____
5. Su provisión
    Romanos 8:32
    ____
6. ______________________
    Hebreos 2:18

D. Sea discípulo de Cristo
1. Dar a Cristo el primer lugar
    ____
    Lucas 9:23

2. ____________________

____

Romanos 12:2

3. Estar firme

1 Corintios 15:58

____

4. Servir a otros

____

____

5. ____________________

____

2 Corintios 9:6, 7

6. ____________________

Hechos 1:8

____

Respuestas correctas:

1-c y d; 2-b y d; 3-C, E, B, A y D.
De la 4 a la 6: ver la lista de comprobación en la página 11.

SEMANA 28

Tema: Honestidad
Versículos: Levítico 19:11; Hechos 24:16

Su plan para esta semana

REPASO DIARIO: Series A y D, más los primeros seis versículos de la Serie E.

Preguntas para meditar

Levítico 19:11 (contexto: Levítico 19:1-37)

¿Qué tres formas de deshonestidad se prohíben en este versículo?

¿Cuál de estos tres pecados le resulta más difícil dominar?

Hechos 24:16 (contexto: Hechos 24:1-27)

¿Hasta qué punto es importante nuestra conciencia?

¿Es posible tener una conciencia sin ofensa delante de los hombres, pero no delante de Dios?

Meditación y repaso

SEMANA 29

Tema: Fe
Versículos: Hebreos 11:6; Romanos 4:20, 21

Su plan para esta semana

REPASO DIARIO Series B y D, más los primeros ocho versículos de la Serie E.

Preguntas para meditar

Hebreos 11:6 (contexto: Hebreos 11:1-40)

¿Cómo se relaciona la verdad de este versículo con Hebreos 11:1?

¿Es posible creer que Dios existe y no obstante no creer que recompensa a los que de veras lo buscan? ¿por qué sí o por qué no?

Romanos 4:20, 21 (contexto Romanos 4:1-25)

¿Qué sabe usted acerca de Abraham? ¿Qué ilustra la verdad de este versículo?

¿Cuál parece ser el factor más importante en la fe de Abraham?

Meditación y repaso

SEMANA 30

Tema: Buenas obras
Versículos: Gálatas 6:9, 10; Mateo 5:16

Su plan para esta semana

1. REPASO DIARIO: Series C y D, más los primeros diez versículos de la Serie E.
2. Complete la "*Prueba final de temas y referencias*" de la página 70.
3. Lea "*Cómo seguir aprendiendo y repasando*" que se encuentra en la página 73.

Preguntas para meditar

Gálatas 6:9, 10 (contexto: Gálatas 6:1-10)
¿Quién decide cuándo es el momento correcto para ver los resultados de nuestras buenas obras?
¿Quiénes deben beneficiarse de nuestras buenas obras?
Mateo 5:16 (contexto: Mateo 5:1-16)
¿Cómo se relaciona la verdad de este pasaje con Santiago 2:14-17?

Meditación y repaso

Prueba final de temas y referencias

En los espacios en blanco, escriba los nombres de las series, los temas y las referencias de todo el *Sistema de memorización de versículos bíblicos.*

A. ______________________________

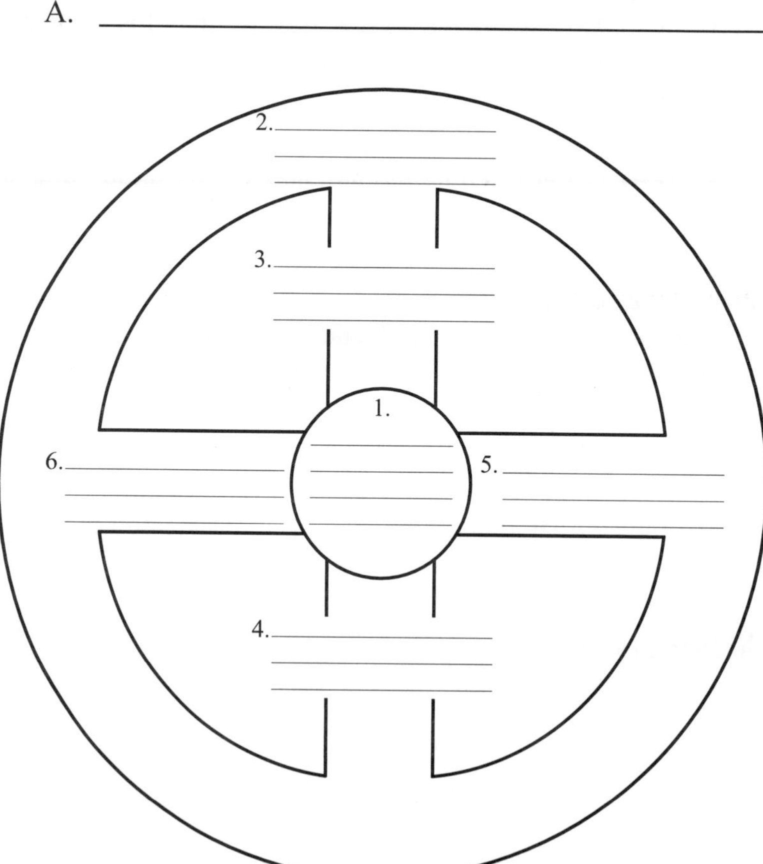

B. ______________________________

3. ____________

LA HUMANIDAD

DIOS

1. ____________

2. ____________

5. ____________

6. ____________

4. ____________

MUERTE

VIDA

C. ______________________________

1. ______________

2. ______________

3. ______________

4. ______________

5. ______________

6. ______________

D. ____________________

1. __________

__________ __________

2. __________

__________ __________

3. __________

__________ __________

4. __________

__________ __________

5. __________

__________ __________

6. __________

__________ __________

E. ____________________

1. __________

__________ __________

2. __________

__________ __________

3. __________

__________ __________

4. __________

__________ __________

5. __________

__________ __________

6. __________

__________ __________

Cómo seguir aprendiendo y repasando

Siga repasando

Dios nos ha dado una mente que olvida, por lo tanto, debe usted seguir repasando a fin de retener los versículos que ha aprendido. Un sistema de repaso sencillo y práctico le será de ayuda.

SEMANA 1: Repaso diario: Series A, B y E.
SEMANA 2: Repaso diario: Series C, D y E.
SEMANA 3: Repaso diario: Series A, B y E.
SEMANA 4: Repaso diario: Series C, D y E.

Después de la cuarta semana, sería provechoso repasar una de las cinco series cada día, de lunes a viernes inclusive: Serie A el lunes, Serie B el martes, y así sucesivamente el resto de la semana.

¡No pierda lo que ha logrado con tanto trabajo! Sea constante en repasar sus versículos.

Use el "sistema compañero"

La autodisciplina es difícil, por lo tanto procure encontrar a alguien que lo ayude a repasar regularmente los versículos que memorizó. Este "compañero" puede ser su cónyuge, uno de sus hijos, un amigo o un compañero de trabajo.

¿Y qué en cuanto a aprender nuevos versículos?

Es posible que ya disponga de una lista de versículos para memorizar en el futuro. Versículos de sus momentos devocionales, de algún sermón o mencionados en alguna conversación con un amigo, que le han impresionado. Siga memorizando porciones bíblicas clave, y meditando en ellas a fin de que el Espíritu Santo pueda disponer de ellas para ser usadas en su vida y ministerio.

Póngase una meta de aprender uno, dos o tres versículos nuevos y meditar en ellos cada semana. Los puede colocar bajo los mismos temas que aprendió en este *Sistema de memorización de versículos bíblicos.*

No deje de revisar continuamente su sistema de repaso a fin de incluir el repaso regular de los nuevos versículos que vaya aprendiendo.

Ampliación del sistema de repaso

A medida que va aprendiendo más y más versículos, naturalmente, le llevará más tiempo y esfuerzo repasarlos y mantenerlos frescos en la mente. Tener un plan sistemático de repaso será cada vez más importante.

Una de las bases más sencillas para contar con un buen sistema de repaso es organizar los versículos según los libros de la Biblia, más bien que según temas, ordenándolos según capítulos y versículos.

A fin de ayudarle a iniciar tal sistema, los versículos en la página siguiente de este *Sistema de memorización de versículos bíblicos,* han sido organizados siguiendo dicho plan.

Levítico 19:11
Números 23:19
Josué 1:8
Salmo 119:9, 11
Proverbios 3:9, 10
Isaías 26:3
Isaías 41:10
Isaías 53:6
Lamentaciones 3:22, 23

Mateo 4:19
Mateo 5:16
Matco 6:33
Mateo 18:20
Mateo 28:19, 20
Marcos 10:45
Lucas 9:23
Juan 1:12
Juan 5:24
Juan 13:34, 35
Juan 14:21
Juan 15:7

Hechos 1:8
Hechos 24:16
Romanos 1:16
Romanos 3:23
Romanos 4:20, 21
Romanos 5:8
Romanos 6:23
Romanos 8:32
Romanos 12:1
Romanos 12:2

1 Corintios 2:12
1 Corintios 3:16
1 Corintios 15:58
2 Corintios 4:5
2 Corintios 5:17
2 Corintios 9:6, 7
Gálatas 2:20
Gálatas 6:9, 10
Efesios 2:8, 9
Efesios 5:3

Filipenses 2:3, 4
Filipcnscs 4:6, 7
Filipenses 4:13
Filipenses 4:19
2 Timoteo 3:16
Tito 3:5
Hebreos 2:18
Hebreos 9:27
Hebreos 10:24, 25
Hebreos 11:6
Hebreos 12:3

1 Pedro 2:11
1 Pedro 3:18
1 Pedro 5:5, 6
1 Pedro 5:7
1 Juan 2:15, 16
1 Juan 3:18
1 Juan 5:13
Apocalipsis 3:20

En las páginas siguientes encontrará un juego de tarjetas con los versículos bíblicos para memorizar. Para su máximo aprovechamiento, córtelas y arme un paquete para llevar siempre consigo.

Aproveche los ratos libres del día —mientras está en la sala de espera del médico, mientras camina o viaja en algún tipo de transporte— para repasar sus versículos.

Acostúmbrese a llevar el paquete de tarjetas siempre con usted.

TARJETAS CON LOS VERSÍCULOS PARA MEMORIZAR

A: Viva la nueva vida

Cristo el centro
RVR-1960
2 Corintios 5:17

De modo que si alguno está en Cristo, nueva criatura es; las cosas viejas pasaron; he aquí todas son hechas nuevas.
2 Corintios 5:17

A-1: Viva la nueva vida

Cristo el centro
RVR-1960
Gálatas 2:20

Con Cristo estoy juntamente crucificado, y ya no vivo yo, mas vive Cristo en mí; y lo que ahora vivo en la carne, lo vivo en la fe del Hijo de Dios, el cual me amó y se entregó a sí mismo por mí.
Gálatas 2:20

A-2: Viva la nueva vida

Obediencia a Cristo
RVR-1960
Romanos 12:1

Así que, hermanos, os ruego por las misericordias de Dios, que presentéis vuestros cuerpos en sacrificio vivo, santo, agradable a Dios, que es vuestro culto racional.
Romanos 12:1

A-3: Viva la nueva vida

Obediencia a Cristo
RVR-1960
Juan 14:21

El que tiene mis mandamientos, y los guarda, ése es el que me ama; y el que me ama, será amado por mi Padre, y yo le amaré, y me manifestaré a él.
Juan 14:21

A-4: Viva la nueva vida

La Palabra de Dios
RVR-1960
2 Timoteo 3:16

Toda la Escritura es inspirada por Dios, y útil para enseñar, para redargüir, para corregir, para instruir en justicia.
2 Timoteo 3:16

A-5: Viva la nueva vida

La Palabra de Dios
RVR-1960
Josué 1:8

Nunca se apartará de tu boca este libro de la ley, sino que de día y de noche meditarás en él, para que guardes y hagas conforme a todo lo que en él está escrito; porque entonces harás prosperar tu camino, y todo te saldrá bien.
Josué 1:8

A-6: Viva la nueva vida

Oración
RVR-1960
Juan 15:7

Si permanecéis en mí, y mis palabras permanecen en vosotros, pedid todo lo que queréis, y os será hecho.

Juan 15:7

A-7: Viva la nueva vida

Oración
RVR-1960
Filipenses 4:6, 7

Por nada estéis afanosos, sino sean conocidas vuestras peticiones delante de Dios en toda oración y ruego, con acción de gracias. Y la paz de Dios, que sobrepasa todo entendimiento, guardará vuestros corazones y vuestros pensamientos en Cristo Jesús.

Filipenses 4:6, 7

A-8: Viva la nueva vida

A: Viva la nueva vida

Cristo el centro
NVI

Gálatas 2:20

He sido crucificado con Cristo, y ya no vivo yo sino que Cristo vive en mí. Lo que ahora vivo en el cuerpo, lo vivo por la fe en el Hijo de Dios, quien me amó y dio su vida por mí.

Gálatas 2:20

A-2: Viva la nueva vida

Cristo el centro
NVI

2 Corintios 5:17

Por lo tanto, si alguno está en Cristo, es una nueva creación. ¡Lo viejo ha pasado, ha llegado ya lo nuevo!

2 Corintios 5:17

A-1: Viva la nueva vida

Obediencia a Cristo
NVI

Juan 14:21

¿Quién es el que me ama? El que hace suyos mis mandamientos y los obedece. Y al que me ama, mi Padre lo amará, y yo también lo amaré y me manifestaré a él.

Juan 14:21

A-4: Viva la nueva vida

Obediencia a Cristo
NVI

Romanos 12:1

Por lo tanto, hermanos, tomando en cuenta la misericordia de Dios, les ruego que cada uno de ustedes, en adoración espiritual, ofrezca su cuerpo como sacrificio vivo, santo y agradable a Dios.

Romanos 12:1

A-3: Viva la nueva vida

La Palabra de Dios
NVI

Josué 1:8

Recita siempre el libro de la ley y medita en él de día y de noche; cumple con cuidado todo lo que en él está escrito. Así prosperarás y tendrás éxito.

Josué 1:8

A-6: Viva la nueva vida

La Palabra de Dios
NVI

2 Timoteo 3:16

Toda la Escritura es inspirada por Dios y útil para enseñar, para reprender, para corregir y para instruir en la justicia.

2 Timoteo 3:16

A-5: Viva la nueva vida

Oración
NVI

Filipenses 4:6, 7

No se inquieten por nada; más bien, en toda ocasión, con oración y ruego, presenten sus peticiones a Dios y denle gracias. Y la paz de Dios, que sobrepasa todo entendimiento, cuidará sus corazones y sus pensamientos en Cristo Jesús.

Filipenses 4:6, 7

A-8: Viva la nueva vida

Oración
NVI

Juan 15:7

Si permanecen en mí y mis palabras permanecen en ustedes, pidan lo que quieran, y se les concederá.

Juan 15:7

A-7: Viva la nueva vida

Comunión RVR-1960
Mateo 18:20

Porque donde están dos o tres congregados en mi nombre, allí estoy yo en medio de ellos.

Mateo 18:20

A-9: Viva la nueva vida

Comunión RVR-1960
Hebreos 10:24, 25

Y considerémonos unos a otros para estimularnos al amor y a las buenas obras; no dejando de congregarnos, como algunos tienen por costumbre, sino exhortándonos; y tanto más, cuanto veis que aquel día se acerca.

Hebreos 10:24, 25

A-10: Viva la nueva vida

Testimonio RVR-1960
Mateo 4:19

Y les dijo: Venid en pos de mí, y os haré pescadores de hombres.

Mateo 4:19

A-11: Viva la nueva vida

Testimonio RVR-1960
Romanos 1:16

Porque no me avergüenzo del evangelio, porque es poder de Dios para salvación a todo aquel que cree; al judío primeramente, y también al griego.

Romanos 1:16

A-12: Viva la nueva vida

B: Proclame a Cristo

Todos han pecado RVR-1960
Romanos 3:23

Por cuanto todos pecaron, y están destituidos de la gloria de Dios.

Romanos 3:23

B-1: Proclame a Cristo

Todos han pecado RVR-1960
Isaías 53:6

Todos nosotros nos descarriamos como ovejas, cada cual se apartó por su camino; mas Jehová cargó en él el pecado de todos nosotros.

Isaías 53:6

B-2: Proclame a Cristo

La paga del pecado RVR-1960
Romanos 6:23

Porque la paga del pecado es muerte, mas la dádiva de Dios es vida eterna en Cristo Jesús Señor nuestro.

Romanos 6:23

B-3: Proclame a Cristo

La paga del pecado RVR-1960
Hebreos 9:27

Y de la manera que está establecido para los hombres que mueran una sola vez, y después de esto el juicio.

Hebreos 9:27

B-4: Proclame a Cristo

Comunión NVI
Hebreos 10:24, 25

Preocupémonos los unos por los otros, a fin de estimularnos al amor y a las buenas obras. No dejemos de congregarnos, como acostumbran hacerlo algunos, sino animémonos unos a otros, y con mayor razón ahora que vemos que aquel día se acerca.
Hebreos 10:24, 25

A-10: Viva la nueva vida

Comunión NVI
Mateo 18:20

Porque donde dos o tres se reúnen en mi nombre, allí estoy yo en medio de ellos.
Mateo 18:20

A-9: Viva la nueva vida

Testimonio NVI
Romanos 1:16

A la verdad, no me avergüenzo del evangelio, pues es poder de Dios para la salvación de todos los que creen: de los judíos primeramente, pero también de los gentiles.
Romanos 1:16

A-12: Viva la nueva vida

Testimonio NVI
Mateo 4:19

Vengan, síganme —les dijo Jesús—, y los haré pescadores de hombres.
Mateo 4:19

A-11: Viva la nueva vida

B: Proclame a Cristo

Todos han pecado NVI
Isaías 53:6

Todos andábamos perdidos, como ovejas; cada uno seguía su propio camino, pero el SEÑOR hizo recaer sobre él la iniquidad de todos nosotros.
Isaías 53:6

B-2: Proclame a Cristo

Todos han pecado NVI
Romanos 3:23

Pues todos han pecado y están privados de la gloria de Dios.
Romanos 3:23

B-1: Proclame a Cristo

La paga del pecado NVI
Hebreos 9:27

Y así como está establecido que los seres humanos mueran una sola vez, y después venga el juicio.
Hebreos 9:27

B-4: Proclame a Cristo

La paga del pecado NVI
Romanos 6:23

Porque la paga del pecado es muerte, mientras que la dádiva de Dios es vida eterna en Cristo Jesús, nuestro Señor.
Romanos 6:23

B-3: Proclame a Cristo

Cristo pagó por nuestros pecados RVR-1960
Romanos 5:8

Mas Dios muestra su amor para con nosotros, en que siendo aún pecadores, Cristo murió por nosotros.

Romanos 5:8

B-5: Proclame a Cristo

Cristo pagó por nuestros pecados RVR-1960
1 Pedro 3:18

Porque también Cristo padeció una sola vez por los pecados, el justo por los injustos, para llevarnos a Dios, siendo a la verdad muerto en la carne, pero vivificado en espíritu.

1 Pedro 3:18

B-6: Proclame a Cristo

La salvación no es por obras RVR-1960
Efesios 2:8, 9

Porque por gracia sois salvos por medio de la fe; y esto no de vosotros, pues es don de Dios; no por obras, para que nadie se gloríe.

Efesios 2:8, 9

B-7: Proclame a Cristo

La salvación no es por obras RVR-1960
Tito 3:5

Nos salvó, no por obras de justicia que nosotros hubiéramos hecho, sino por su misericordia, por el lavamiento de la regeneración y por la renovación en el Espíritu Santo.

Tito 3:5

B-8: Proclame a Cristo

Es necesario recibir a Cristo RVR-1960
Juan 1:12

Mas a todos los que le recibieron, a los que creen en su nombre, les dio potestad de ser hechos hijos de Dios.

Juan 1:12

B-9: Proclame a Cristo

Es necesario recibir a Cristo RVR-1960
Apocalipsis 3:20

He aquí, yo estoy a la puerta y llamo; si alguno oye mi voz y abre la puerta, entraré a él, y cenaré con él, y él conmigo.

Apocalipsis 3:20

B-10: Proclame a Cristo

Seguridad de la salvación RVR-1960
1 Juan 5:13

Estas cosas os he escrito a vosotros que creéis en el nombre del Hijo de Dios, para que sepáis que tenéis vida eterna, y para que creáis en el nombre del Hijo de Dios.

1 Juan 5:13

B-11: Proclame a Cristo

Seguridad de la salvación RVR-1960
Juan 5:24

De cierto, de cierto os digo: El que oye mi palabra, y cree al que me envió, tiene vida eterna; y no vendrá a condenación, mas ha pasado de muerte a vida.

Juan 5:24

B-12: Proclame a Cristo

Cristo pagó por nuestros pecados NVI
1 Pedro 3:18

Porque Cristo murió por los pecados una vez por todas, el justo por los injustos, a fin de llevarlos a ustedes a Dios. Él sufrió la muerte en su cuerpo, pero el Espíritu hizo que volviera a la vida.

1 Pedro 3:18

B-6: Proclame a Cristo

Cristo pagó por nuestros pecados NVI
Romanos 5:8

Pero Dios demuestra su amor por nosotros en esto: en que cuando todavía éramos pecadores, Cristo murió por nosotros.

Romanos 5:8

B-5: Proclame a Cristo

La salvación no es por obras NVI
Tito 3:5

Él nos salvó, no por nuestras propias obras de justicia sino por su misericordia. Nos salvó mediante el lavamiento de la regeneración y de la renovación por el Espíritu Santo.

Tito 3:5

B-8: Proclame a Cristo

La salvación no es por obras NVI
Efesios 2:8, 9

Porque por gracia ustedes han sido salvados mediante la fe; esto no procede de ustedes, sino que es el regalo de Dios, no por obras, para que nadie se jacte.

Efesios 2:8, 9

B-7: Proclame a Cristo

Es necesario recibir a Cristo NVI
Apocalipsis 3:20

Mira que estoy a la puerta y llamo. Si alguno oye mi voz y abre la puerta, entraré, y cenaré con él, y él conmigo.

Apocalipsis 3:20

B-10: Proclame a Cristo

Es necesario recibir a Cristo NVI
Juan 1:12

Mas a cuantos lo recibieron, a los que creen en su nombre, les dio el derecho de ser hijos de Dios.

Juan 1:12

B-9: Proclame a Cristo

Seguridad de la salvación NVI
Juan 5:24

Ciertamente les aseguro que el que oye mi palabra y cree al que me envió, tiene vida eterna y no será juzgado, sino que ha pasado de la muerte a la vida.

Juan 5:24

B-12: Proclame a Cristo

Seguridad de la salvación NVI
1 Juan 5:13

Les escribo estas cosas a ustedes que creen en el nombre del Hijo de Dios, para que sepan que tienen vida eterna.

1 Juan 5:13

B-11: Proclame a Cristo

C: Dependa de los recursos de Dios

Su Espíritu RVR-1960
1 Corintios 3:16

¿No sabéis que sois templo de Dios, y que el Espíritu de Dios mora en vosotros?
1 Corintios 3:16

C-1: Dependa de los recursos de Dios

Su Espíritu RVR-1960
1 Corintios 2:12

Y nosotros no hemos recibido el espíritu del mundo, sino el Espíritu que proviene de Dios, para que sepamos lo que Dios nos ha concedido.
1 Corintios 2:12

C-2: Dependa de los recursos de Dios

Su poder RVR-1960
Isaías 41:10

No temas, porque yo estoy contigo; no desmayes, porque yo soy tu Dios que te esfuerzo; siempre te ayudaré, siempre te sustentaré con la diestra de mi justicia.
Isaías 41:10

C-3: Dependa de los recursos de Dios

Su poder RVR-1960
Filipenses 4:13

Todo lo puedo en Cristo que me fortalece.

Filipenses 4:13

C-4: Dependa de los recursos de Dios

Su fidelidad RVR-1960
Lamentaciones 3:22, 23

Por la misericordia de Jehová no hemos sido consumidos, porque nunca decayeron sus misericordias. Nuevas son cada mañana; grande es tu fidelidad.
Lamentaciones 3:22, 23

C-5: Dependa de los recursos de Dios

Su fidelidad RVR-1960
Números 23:19

Dios no es hombre, para que mienta, Ni hijo de hombre para que se arrepienta. Él dijo, ¿y no hará? Habló, ¿y no lo ejecutará?
Números 23:19

C-6: Dependa de los recursos de Dios

Su paz RVR-1960
Isaías 26:3

Tú guardarás en completa paz a aquel cuyo pensamiento en ti persevera; porque en ti ha confiado.
Isaías 26:3

C-7: Dependa de los recursos de Dios

Su paz RVR-1960
1 Pedro 5:7

Echando toda vuestra ansiedad sobre él, porque él tiene cuidado de vosotros.
1 Pedro 5:7

C-8: Dependa de los recursos de Dios

C: Dependa de los recursos de Dios

Su Espíritu NVI
1 Corintios 2:12

Nosotros no hemos recibido el espíritu del mundo sino el Espíritu que procede de Dios, para que entendamos lo que por su gracia él nos ha concedido.
1 Corintios 2:12

C-2: Dependa de los recursos de Dios

Su Espíritu NVI
1 Corintios 3:16

¿No saben que ustedes son templo de Dios y que el Espíritu de Dios habita en ustedes?
1 Corintios 3:16

C-1: Dependa de los recursos de Dios

Su poder NVI
Filipenses 4:13

Todo lo puedo en Cristo que me fortalece.
Filipenses 4:13

C-4: Dependa de los recursos de Dios

Su poder NVI
Isaías 41:10

Así que no temas, porque yo estoy contigo; no te angusties, porque yo soy tu Dios. Te fortaleceré y te ayudaré; te sostendré con mi diestra victoriosa.
Isaías 41:10

C-3: Dependa de los recursos de Dios

Su fidelidad NVI
Números 23:19

Dios no es un simple mortal para mentir y cambiar de parecer. ¿Acaso no cumple lo que promete ni lleva a cabo lo que dice?
Números 23:19

C-6: Dependa de los recursos de Dios

Su fidelidad NVI
Lamentaciones 3:22, 23

El gran amor del SEÑOR nunca se acaba, y su compasión jamás se agota. Cada mañana se renuevan sus bondades; ¡muy grande es su fidelidad!
Lamentaciones 3:22, 23

C-5: Dependa de los recursos de Dios

Su paz NVI
1 Pedro 5:7

Depositen en él toda ansiedad, porque él cuida de ustedes.
1 Pedro 5:7

C-8: Dependa de los recursos de Dios

Su paz NVI
Isaías 26:3

Al de carácter firme lo guardarás en perfecta paz, porque en ti confía.
Isaías 26:3

C-7: Dependa de los recursos de Dios

Su provisión RVR-1960
Romanos 8:32

El que no escatimó ni a su propio Hijo, sino que lo entregó por todos nosotros, ¿cómo no nos dará también con él todas las cosas?

Romanos 8:32

C-10: Dependa de los recursos de Dios

Su provisión RVR-1960
Filipenses 4:19

Mi Dios, pues, suplirá todo lo que os falta conforme a sus riquezas en gloria en Cristo Jesús.

Filipenses 4:19

C-11: Dependa de los recursos de Dios

Su ayuda en las tentaciones RVR-1960
Hebreos 2:18

Pues en cuanto él mismo padeció siendo tentado, es poderoso para socorrer a los que son tentados.

Hebreos 2:18

C-11: Dependa de los recursos de Dios

Su ayuda en las tentaciones RVR-1960
Salmos 119:9, 11

¿Con qué limpiará el joven su camino? Con guardar tu palabra. En mi corazón he guardado tus dichos, para no pecar contra ti.

Salmo 119:9, 11

C-12: Dependa de los recursos de Dios

D: Sea discípulo de Cristo

Dar a Cristo el primer lugar RVR-1960
Mateo 6:33

Mas buscad primeramente el reino de Dios y su justicia, y todas estas cosas os serán añadidas.

Mateo 6:33

D-1: Sea discípulo de Cristo

Dar a Cristo el primer lugar RVR-1960
Lucas 9:23

Y decía a todos: Si alguno quiere venir en pos de mí, niéguese a sí mismo, tome su cruz cada día, y sígame.

Lucas 9:23

D-2: Sea discípulo de Cristo

Separarse del mundo RVR-1960
1 Juan 2:15, 16

No améis al mundo, ni las cosas que están en el mundo. Si alguno ama al mundo, el amor del Padre no está en él. Porque todo lo que hay en el mundo, los deseos de la carne, los deseos de los ojos, y la vana gloria de la vida, no proviene del Padre, sino del mundo.

1 Juan 2:15, 16

D-3: Sea discípulo de Cristo

Separarse del mundo RVR-1960
Romanos 12:2

No os conforméis a este siglo, sino transformaos por medio de la renovación de vuestro entendimiento, para que comprobéis cuál sea la buena voluntad de Dios, agradable y perfecta.

Romanos 12:2

D-4: Sea discípulo de Cristo

Su provisión
NVI

Filipenses 4:19

Así que mi Dios les proveerá de todo lo que necesiten, conforme a las gloriosas riquezas que tiene en Cristo Jesús.

Filipenses 4:19

C-10: Dependa de los recursos de Dios

Su provisión
NVI

Romanos 8:32

El que no escatimó ni a su propio Hijo, sino que lo entregó por todos nosotros, ¿cómo no habrá de darnos generosamente, junto con él, todas las cosas?

Romanos 8:32

C-9: Dependa de los recursos de Dios

Su ayuda en las tentaciones
NVI

Salmos 119:9, 11

¿Cómo puede el joven llevar una vida íntegra? Viviendo conforme a tu palabra. En mi corazón atesoro tus dichos para no pecar contra ti.

Salmos 119:9, 11

C-12: Dependa de los recursos de Dios

Su ayuda en las tentaciones
NVI

Hebreos 2:18

Por haber sufrido él mismo la tentación, puede socorrer a los que son tentados.

Hebreos 2:18

C-11: Dependa de los recursos de Dios

D: Sea discípulo de Cristo

Dar a Cristo el primer lugar
NVI

Lucas 9:23

Dirigiéndose a todos, declaró: —Si alguien quiere ser mi discípulo, que se niegue a sí mismo, lleve su cruz cada día y me siga.

Lucas 9:23

D-2: Sea discípulo de Cristo

Dar a Cristo el primer lugar
NVI

Mateo 6:33

Más bien, busquen primeramente el reino de Dios y su justicia, y todas estas cosas les serán añadidas.

Mateo 6:33

D-1: Sea discípulo de Cristo

Separarse del mundo
NVI

Romanos 12:2

No se amolden al mundo actual, sino sean transformados mediante la renovación de su mente. Así podrán comprobar cuál es la voluntad de Dios, buena, agradable y perfecta.

Romanos 12:2

D-4: Sea discípulo de Cristo

Separarse del mundo
NVI

1 Juan 2:15, 16

No amen al mundo ni nada de lo que hay en él. Si alguien ama al mundo, no tiene el amor del Padre. Porque nada de lo que hay en el mundo —los malos deseos del cuerpo, la codicia de los ojos y la arrogancia de la vida— proviene del Padre sino del mundo.

1 Juan 2:15, 16

D-3: Sea discípulo de Cristo

Estar firme RVR-1960
1 Corintios 15:58

Así que, hermanos míos amados, estad firmes y constantes, creciendo en la obra del Señor siempre, sabiendo que vuestro trabajo en el Señor no es en vano.
1 Corintios 15:58

D-5: Sea discípulo de Cristo

Estar firme RVR-1960
Hebreos 12:3

Considerad a aquel que sufrió tal contradicción de pecadores contra sí mismo, para que vuestro ánimo no se canse hasta desmayar.
Hebreos 12:3

D-6: Sea discípulo de Cristo

Servir a otros RVR-1960
Marcos 10:45

Porque el Hijo del Hombre no vino para ser servido, sino para servir, y para dar su vida en rescate por muchos.
Marcos 10:45

D-7: Sea discípulo de Cristo

Servir a otros RVR-1960
2 Corintios 4:5

Porque no nos predicamos a nosotros mismos, sino a Jesucristo como Señor, y a nosotros como vuestros siervos por amor de Jesús.
2 Corintios 4:5

D-8: Sea discípulo de Cristo

Dar generosamente RVR-1960
Proverbios 3:9, 10

Honra a Jehová con tus bienes, Y con las primicias de todos tus frutos; y serán llenos tus graneros con abundancia, y tus lagares rebosarán de mosto.
Proverbios 3:9, 10

D-9: Sea discípulo de Cristo

Dar generosamente RVR-1960
2 Corintios 9:6, 7

Pero esto digo: El que siembra escasamente, también segará escasamente; y el que siembra generosamente, generosamente también segará. Cada uno dé como propuso en su corazón: no con tristeza, ni por necesidad, porque Dios ama al dador alegre.
2 Corintios 9:6, 7

D-10: Sea discípulo de Cristo

Desarrollar una visión mundial RVR-1960
Hechos 1:8

Pero recibiréis poder, cuando haya venido sobre vosotros el Espíritu Santo, y me seréis testigos en Jerusalén, en toda Judea, en Samaria, y hasta lo último de la tierra.
Hechos 1:8

D-11: Sea discípulo de Cristo

Desarrollar una visión mundial RVR-1960
Mateo 28:19, 20

Por tanto, id, y haced discípulos a todas las naciones, bautizándolos en el nombre del Padre, y del Hijo, y del Espíritu Santo; enseñándoles que guarden todas las cosas que os he mandado; y he aquí yo estoy con vosotros todos los días, hasta el fin del mundo. Amén.
Mateo 28:19, 20

D-12: Sea discípulo de Cristo

Estar firme
NVI

Hebreos 12:3

Así, pues, consideren a aquel que perseveró frente a tanta oposición por parte de los pecadores, para que no se cansen ni pierdan el ánimo.

Hebreos 12:3

D-6: Sea discípulo de Cristo

Estar firme
NVI

1 Corintios 15:58

Por lo tanto, mis queridos hermanos, manténganse firmes e inconmovibles, progresando siempre en la obra del Señor, conscientes de que su trabajo en el Señor no es en vano.

1 Corintios 15:58

D-5: Sea discípulo de Cristo

Servir a otros
NVI

2 Corintios 4:5

No nos predicamos a nosotros mismos sino a Jesucristo como Señor; nosotros no somos más que servidores de ustedes por causa de Jesús.

2 Corintios 4:5

D-8: Sea discípulo de Cristo

Servir a otros
NVI

Marcos 10:45

Porque ni aun el Hijo del hombre vino para que le sirvan, sino para servir y para dar su vida en rescate por muchos.

Marcos 10:45

D-7: Sea discípulo de Cristo

Dar generosamente
NVI

2 Corintios 9:6, 7

Recuerden esto: El que siembra escasamente, escasamente cosechará, y el que siembra en abundancia, en abundancia cosechará. Cada uno debe dar según lo que haya decidido en su corazón, no de mala gana ni por obligación, porque Dios ama al que da con alegría.

2 Corintios 9:6, 7

D-10: Sea discípulo de Cristo

Dar generosamente
NVI

Proverbios 3:9, 10

Honra al SEÑOR con tus riquezas y con los primeros frutos de tus cosechas. Así tus graneros se llenarán a reventar y tus bodegas rebosarán de vino nuevo.

Proverbios 3:9, 10

D-9: Sea discípulo de Cristo

Desarrollar una visión mundial
NVI

Mateo 28:19, 20

Por tanto, vayan y hagan discípulos de todas las naciones, bautizándolos en el nombre del Padre y del Hijo y del Espíritu Santo, enseñándoles a obedecer todo lo que les he mandado a ustedes. Y les aseguro que estaré con ustedes siempre, hasta el fin del mundo.

Mateo 28:19, 20

D-12: Sea discípulo de Cristo

Desarrollar una visión mundial
NVI

Hechos 1:8

Pero cuando venga el Espíritu Santo sobre ustedes, recibirán poder y serán mis testigos tanto en Jerusalén como en toda Judea y Samaria, y hasta los confines de la tierra.

Hechos 1:8

D-11: Sea discípulo de Cristo

E: Crezca en Imitación de Cristo

Amor RVR-1960
Juan 13:34, 35

Un mandamiento nuevo os doy: Que os améis unos a otros; como yo os he amado, que también os améis unos a otros. En esto conocerán todos que sois mis discípulos, si tuviereis amor los unos con los otros.
Juan 13:34, 35

E-1: Crezca en imitación de Cristo

Amor RVR-1960
1 Juan 3:18

Hijitos míos, no amemos de palabra ni de lengua, sino de hecho y en verdad.
1 Juan 3:18

E-2: Crezca en imitación de Cristo

Humildad RVR-1960
Filipenses 2:3, 4

Nada hagáis por contienda o por vanagloria; antes bien con humildad, estimando cada uno a los demás como superiores a él mismo; no mirando cada uno por lo suyo propio, sino cada cual también por lo de los otros.
Filipenses 2:3, 4

E-3: Crezca en imitación de Cristo

Humildad RVR-1960
1 Pedro 5:5, 6

Igualmente, jóvenes, estad sujetos a los ancianos; y todos, sumisos unos a otros, revestíos de humildad; porque: Dios resiste a los soberbios, y da gracia a los humildes. Humillaos, pues, bajo la poderosa mano de Dios, para que él os exalte cuando fuere tiempo.
1 Pedro 5:5, 6

E-4: Crezca en imitación de Cristo

Pureza RVR-1960
Efesios 5:3

Pero fornicación y toda inmundicia, o avaricia, ni aun se nombre entre vosotros, como conviene a santos.

Efesios 5:3

E-5: Crezca en imitación de Cristo

Pureza RVR-1960
1 Pedro 2:11

Amados, yo os ruego como a extranjeros y peregrinos, que os abstengáis de los deseos carnales que batallan contra el alma.
1 Pedro 2:11

E-6: Crezca en imitación de Cristo

Honestidad RVR-1960
Levítico 19:11

No hurtaréis, y no engañaréis ni mentiréis el uno al otro.
Levítico 19:11

E-7: Crezca en imitación de Cristo

Honestidad RVR-1960
Hechos 24:16

Y por esto procuro tener siempre una conciencia sin ofensa ante Dios y ante los hombres.
Hechos 24:16

E-8: Crezca en imitación de Cristo

E: Crezca en imitación de Cristo

Amor NVI
1 Juan 3:18

Queridos hijos, no amemos de palabra ni de labios para afuera, sino con hechos y de verdad.

Juan 3:18

E-2: Crezca en imitación de Cristo

Amor NVI
Juan 13:34, 35

Este mandamiento nuevo les doy: que se amen los unos a los otros. Así como yo los he amado, también ustedes deben amarse los unos a los otros. De este modo todos sabrán que son mis discípulos, si se aman los unos a los otros.

Juan 13:34, 35

E-1: Crezca en imitación de Cristo

Humildad NVI
1 Pedro 5:5, 6

Así mismo, jóvenes, sométanse a los ancianos. Revístanse todos de humildad en su trato mutuo, porque «Dios se opone a los orgullosos, pero da gracia a los humildes». Humíllense, pues, bajo la poderosa mano de Dios, para que él los exalte a su debido tiempo.

1 Pedro 5:5, 6

E-4: Crezca en imitación de Cristo

Humildad NVI
Filipenses 2:3, 4

No hagan nada por egoísmo o vanidad; más bien, con humildad consideren a los demás como superiores a ustedes mismos. Cada uno debe velar no sólo por sus propios intereses sino también por los intereses de los demás.

Filipenses 2:3, 4

E-3: Crezca en imitación de Cristo

Pureza NVI
1 Pedro 2:11

Queridos hermanos, les ruego como a extranjeros y peregrinos en este mundo, que se aparten de los deseos pecaminosos que combaten contra la vida.

1 Pedro 2:11

E-6: Crezca en imitación de Cristo

Pureza NVI
Efesios 5:3

Entre ustedes ni siquiera debe mencionarse la inmoralidad sexual, ni ninguna clase de impureza o de avaricia, porque eso no es propio del pueblo santo de Dios.

Efesios 5:3

E-5: Crezca en imitación de Cristo

Honestidad NVI
Hechos 24:16

En todo esto procuro conservar siempre limpia mi conciencia delante de Dios y de los hombres.

Hechos 24:16

E-8: Crezca en imitación de Cristo

Honestidad NVI
Levítico 19:11

No roben. No mientan. No engañen a su prójimo.

Levítico 19:11

E-7: Crezca en imitación de Cristo

Fe RVR-1960

Hebreos 11:6

Pero sin fe es imposible agradar a Dios; porque es necesario que el que se acerca a Dios crea que le hay, y que es galardonador de los que le buscan.

Hebreos 11:6

E-9: Crezca en imitación de Cristo

Fe RVR-1960

Romanos 4:20, 21

Tampoco dudó, por incredulidad, de la promesa de Dios, sino que se fortaleció en fe, dando gloria a Dios, plenamente convencido de que era también poderoso para hacer todo lo que había prometido.

Romanos 4:20, 21

E-10: Crezca en imitación de Cristo

Buenas obras RVR-1960

Gálatas 6:9, 10

No nos cansemos, pues, de hacer bien; porque a su tiempo segaremos, si no desmayamos. Así que, según tengamos oportunidad, hagamos bien a todos, y mayormente a los de la familia de la fe.

Gálatas 6:9, 10

E-11: Crezca en imitación de Cristo

Buenas obras RVR-1960

Mateo 5:16

Así alumbre vuestra luz delante de los hombres, para que vean vuestras buenas obras, y glorifiquen a vuestro Padre que está en los cielos.

Mateo 5:16

E-12: Crezca en imitación de Cristo

ESTE PAQUETE PERTENECE A

Nombre: ____________________

Dirección: ____________________

____

Teléfono: ____________________

Si usted lo ha encontrado, por favor envíelo a la dirección anotada

ESTE PAQUETE PERTENECE A

Nombre: ____________________

Dirección: ____________________

____

Teléfono: ____________________

Si usted lo ha encontrado, por favor envíelo a la dirección anotada

Serie A: Viva la nueva vida		
Cristo el centro	❑ 2 Corintios 5:17	❑ Gálatas 2:20
Obediencia a Cristo	❑ Romanos 12:1	❑ Juan 14:21
La Palabra de Dios	❑ 2 Timoteo 3:16	❑ Josué 1:8
Oración	❑ Juan 15:7	❑ Filipenses 4:6, 7
Comunión	❑ Mateo 18:20	❑ Hebreos 10:24, 25
Testimonio	❑ Mateo 4:19	❑ Romanos 1:16
Serie B: Proclame a Cristo		
Todos han pecado	❑ Romanos 3:23	❑ Isaías 53:6
La paga del pecado	❑ Romanos 6:23	❑ Hebreos 9:27
Cristo pagó por nuestros pecados	❑ Romanos 5:8	❑ 1 Pedro 3:18
La salvación no es por obras	❑ Efesios 2:8, 9	❑ Tito 3:5
Es necesario recibir a Cristo	❑ Juan 1:12	❑ Apocalipsis 3:20
Seguridad de la salvación	❑ 1 Juan 5:13	❑ Juan 5:24
Serie C: Dependa de los recursos de Dios		
Su Espíritu	❑ 1 Corintios 3:16	❑ 1 Corintios 2:12
Su poder	❑ Isaías 41:10	❑ Filipenses 4:13
Su fidelidad	❑ Lamentaciones 3:22, 23	❑ Números 23:19
Su paz	❑ Isaías 26:3	❑ 1 Pedro 5:7
Su provisión	❑ Romanos 8:32	❑ Filipenses 4:19
Su ayuda en las tentaciones	❑ Hebreos 2:18	❑ Salmo 119:9, 11
Serie D: Sea discípulo de Cristo		
Dar a Cristo el primer lugar	❑ Mateo 6:33	❑ Lucas 9:23
Separarse del mundo	❑ 1 Juan 2:15, 16	❑ Romanos 12:2
Estar firme	❑ 1 Corintios 15:58	❑ Hebreos 12:3
Servir a otros	❑ Marcos 10:45	❑ 2 Corintios 4:5
Dar generosamente	❑ Proverbios 3:9, 10	❑ 2 Corintios 9:6, 7
Desarrollar una visión mundial	❑ Hechos 1:8	❑ Mateo 28:19, 20
Serie E: Crezca en imitación de Cristo		
Amor	❑ Juan 13:34, 35	❑ 1 Juan 3:18
Humildad	❑ Filipenses 2:3, 4	❑ 1 Pedro 5:5, 6
Pureza	❑ Efesios 5:3	❑ 1 Pedro 2:11
Honestidad	❑ Levítico 19:11	❑ Hechos 24:16
Fe	❑ Hebreos 11:6	❑ Romanos 4:20, 21
Buenas obras	❑ Gálatas 6:9, 10	❑ Mateo 5:16

Serie A: Viva la nueva vida		
Cristo el centro	❑ 2 Corintios 5:17	❑ Gálatas 2:20
Obediencia a Cristo	❑ Romanos 12:1	❑ Juan 14:21
La Palabra de Dios	❑ 2 Timoteo 3:16	❑ Josué 1:8
Oración	❑ Juan 15:7	❑ Filipenses 4:6, 7
Comunión	❑ Mateo 18:20	❑ Hebreos 10:24, 25
Testimonio	❑ Mateo 4:19	❑ Romanos 1:16
Serie B: Proclame a Cristo		
Todos han pecado	❑ Romanos 3:23	❑ Isaías 53:6
La paga del pecado	❑ Romanos 6:23	❑ Hebreos 9:27
Cristo pagó por nuestros pecados	❑ Romanos 5:8	❑ 1 Pedro 3:18
La salvación no es por obras	❑ Efesios 2:8, 9	❑ Tito 3:5
Es necesario recibir a Cristo	❑ Juan 1:12	❑ Apocalipsis 3:20
Seguridad de la salvación	❑ 1 Juan 5:13	❑ Juan 5:24
Serie C: Dependa de los recursos de Dios		
Su Espíritu	❑ 1 Corintios 3:16	❑ 1 Corintios 2:12
Su poder	❑ Isaías 41:10	❑ Filipenses 4:13
Su fidelidad	❑ Lamentaciones 3:22, 23	❑ Números 23:19
Su paz	❑ Isaías 26:3	❑ 1 Pedro 5:7
Su provisión	❑ Romanos 8:32	❑ Filipenses 4:19
Su ayuda en las tentaciones	❑ Hebreos 2:18	❑ Salmo 119:9, 11
Serie D: Sea discípulo de Cristo		
Dar a Cristo el primer lugar	❑ Mateo 6:33	❑ Lucas 9:23
Separarse del mundo	❑ 1 Juan 2:15, 16	❑ Romanos 12:2
Estar firme	❑ 1 Corintios 15:58	❑ Hebreos 12:3
Servir a otros	❑ Marcos 10:45	❑ 2 Corintios 4:5
Dar generosamente	❑ Proverbios 3:9, 10	❑ 2 Corintios 9:6, 7
Desarrollar una visión mundial	❑ Hechos 1:8	❑ Mateo 28:19, 20
Serie E: Crezca en imitación de Cristo		
Amor	❑ Juan 13:34, 35	❑ 1 Juan 3:18
Humildad	❑ Filipenses 2:3, 4	❑ 1 Pedro 5:5, 6
Pureza	❑ Efesios 5:3	❑ 1 Pedro 2:11
Honestidad	❑ Levítico 19:11	❑ Hechos 24:16
Fe	❑ Hebreos 11:6	❑ Romanos 4:20, 21
Buenas obras	❑ Gálatas 6:9, 10	❑ Mateo 5:16

Fe NVI
Romanos 4:20, 21

Ante la promesa de Dios no vaciló como un incrédulo, sino que se reafirmó en su fe y dio gloria a Dios, plenamente convencido de que Dios tenía poder para cumplir lo que había prometido.
Romanos 4:20, 21

E-10: Crezca en imitación de Cristo

Fe NVI
Hebreos 11:6

En realidad, sin fe es imposible agradar a Dios, ya que cualquiera que se acerca a Dios tiene que creer que él existe y que recompensa a quienes lo buscan.
Hebreos 11:6

E-9: Crezca en imitación de Cristo

Buenas obras NVI
Mateo 5:16

Hagan brillar su luz delante de todos, para que ellos puedan ver las buenas obras de ustedes y alaben al Padre que está en el cielo.
Mateo 5:16

E-12: Crezca en imitación de Cristo

Buenas obras NVI
Gálatas 6:9, 10

No nos cansemos de hacer el bien, porque a su debido tiempo cosecharemos si no nos damos por vencidos. Por lo tanto, siempre que tengamos la oportunidad, hagamos bien a todos, y en especial a los de la familia de la fe.
Gálatas 6:9, 10

E-11: Crezca en imitación de Cristo

ESTE PAQUETE PERTENECE A

Nombre: ____________________

Dirección: ____________________

____

Teléfono: ____________________

Si usted lo ha encontrado, por favor envíelo a la dirección anotada

ESTE PAQUETE PERTENECE A

Nombre: ____________________

Dirección: ____________________

____

Teléfono: ____________________

Si usted lo ha encontrado, por favor envíelo a la dirección anotada

Serie A: Viva la nueva vida

Cristo el centro	❑ 2 Corintios 5:17	❑ Gálatas 2:20
Obediencia a Cristo	❑ Romanos 12:1	❑ Juan 14:21
La Palabra de Dios	❑ 2 Timoteo 3:16	❑ Josué 1:8
Oración	❑ Juan 15:7	❑ Filipenses 4:6, 7
Comunión	❑ Mateo 18:20	❑ Hebreos 10:24, 25
Testimonio	❑ Mateo 4:19	❑ Romanos 1:16

Serie B: Proclame a Cristo

Todos han pecado	❑ Romanos 3:23	❑ Isaías 53:6
La paga del pecado	❑ Romanos 6:23	❑ Hebreos 9:27
Cristo pagó por nuestros pecados	❑ Romanos 5:8	❑ 1 Pedro 3:18
La salvación no es por obras	❑ Efesios 2:8, 9	❑ Tito 3:5
Es necesario recibir a Cristo	❑ Juan 1:12	❑ Apocalipsis 3:20
Seguridad de la salvación	❑ 1 Juan 5:13	❑ Juan 5:24

Serie C: Dependa de los recursos de Dios

Su Espíritu	❑ 1 Corintios 3:16	❑ 1 Corintios 2:12
Su poder	❑ Isaías 41:10	❑ Filipenses 4:13
Su fidelidad	❑ Lamentaciones 3:22, 23	❑ Números 23:19
Su paz	❑ Isaías 26:3	❑ 1 Pedro 5:7
Su provisión	❑ Romanos 8:32	❑ Filipenses 4:19
Su ayuda en las tentaciones	❑ Hebreos 2:18	❑ Salmo 119:9, 11

Serie D: Sea discípulo de Cristo

Dar a Cristo el primer lugar	❑ Mateo 6:33	❑ Lucas 9:23
Separarse del mundo	❑ 1 Juan 2:15, 16	❑ Romanos 12:2
Estar firme	❑ 1 Corintios 15:58	❑ Hebreos 12:3
Servir a otros	❑ Marcos 10:45	❑ 2 Corintios 4:5
Dar generosamente	❑ Proverbios 3:9, 10	❑ 2 Corintios 9:6, 7
Desarrollar una visión mundial	❑ Hechos 1:8	❑ Mateo 28:19, 20

Serie E: Crezca en imitación de Cristo

Amor	❑ Juan 13:34, 35	❑ 1 Juan 3:18
Humildad	❑ Filipenses 2:3, 4	❑ 1 Pedro 5:5, 6
Pureza	❑ Efesios 5:3	❑ 1 Pedro 2:11
Honestidad	❑ Levítico 19:11	❑ Hechos 24:16
Fe	❑ Hebreos 11:6	❑ Romanos 4:20, 21
Buenas obras	❑ Gálatas 6:9, 10	❑ Mateo 5:16

Serie A: Viva la nueva vida

Cristo el centro	❑ 2 Corintios 5:17	❑ Gálatas 2:20
Obediencia a Cristo	❑ Romanos 12:1	❑ Juan 14:21
La Palabra de Dios	❑ 2 Timoteo 3:16	❑ Josué 1:8
Oración	❑ Juan 15:7	❑ Filipenses 4:6, 7
Comunión	❑ Mateo 18:20	❑ Hebreos 10:24, 25
Testimonio	❑ Mateo 4:19	❑ Romanos 1:16

Serie B: Proclame a Cristo

Todos han pecado	❑ Romanos 3:23	❑ Isaías 53:6
La paga del pecado	❑ Romanos 6:23	❑ Hebreos 9:27
Cristo pagó por nuestros pecados	❑ Romanos 5:8	❑ 1 Pedro 3:18
La salvación no es por obras	❑ Efesios 2:8, 9	❑ Tito 3:5
Es necesario recibir a Cristo	❑ Juan 1:12	❑ Apocalipsis 3:20
Seguridad de la salvación	❑ 1 Juan 5:13	❑ Juan 5:24

Serie C: Dependa de los recursos de Dios

Su Espíritu	❑ 1 Corintios 3:16	❑ 1 Corintios 2:12
Su poder	❑ Isaías 41:10	❑ Filipenses 4:13
Su fidelidad	❑ Lamentaciones 3:22, 23	❑ Números 23:19
Su paz	❑ Isaías 26:3	❑ 1 Pedro 5:7
Su provisión	❑ Romanos 8:32	❑ Filipenses 4:19
Su ayuda en las tentaciones	❑ Hebreos 2:18	❑ Salmo 119:9, 11

Serie D: Sea discípulo de Cristo

Dar a Cristo el primer lugar	❑ Mateo 6:33	❑ Lucas 9:23
Separarse del mundo	❑ 1 Juan 2:15, 16	❑ Romanos 12:2
Estar firme	❑ 1 Corintios 15:58	❑ Hebreos 12:3
Servir a otros	❑ Marcos 10:45	❑ 2 Corintios 4:5
Dar generosamente	❑ Proverbios 3:9, 10	❑ 2 Corintios 9:6, 7
Desarrollar una visión mundial	❑ Hechos 1:8	❑ Mateo 28:19, 20

Serie E: Crezca en imitación de Cristo

Amor	❑ Juan 13:34, 35	❑ 1 Juan 3:18
Humildad	❑ Filipenses 2:3, 4	❑ 1 Pedro 5:5, 6
Pureza	❑ Efesios 5:3	❑ 1 Pedro 2:11
Honestidad	❑ Levítico 19:11	❑ Hechos 24:16
Fe	❑ Hebreos 11:6	❑ Romanos 4:20, 21
Buenas obras	❑ Gálatas 6:9, 10	❑ Mateo 5:16